I0125043

Anonymous

Unterhaltungen für Freunde der Länder und Völkerkunder

Sammlung noch ungedrukter Reisebeschreibungen, geographischer Nachrichten,

Aufsätze und Auszüge zur näheren Kenntnis minder bekannter Länder und Völker

Anonymous

Unterhaltungen für Freunde der Länder und Völkerkunder
Sammlung noch ungedrukter Reisebeschreibungen, geographischer Nachrichten, Aufsätze und Auszüge zur näheren Kenntnis minder bekannter Länder und Völker

ISBN/EAN: 9783743603035

Hergestellt in Europa, USA, Kanada, Australien, Japan

Cover: Foto ©Andreas Hilbeck / pixelio.de

Weitere Bücher finden Sie auf **www.hansebooks.com**

Unterhaltungen

für

Freunde

der

Länder- und Völkerkunde.

Oder

Sammlung kleiner, interessanter und noch
ungedrukter Reisebeschreibungen, geographischer Nachrichten, Aufsäzze und Auszüge zur
nähern Kenntniß minder bekannter Länder und Völker.

Zweiter Theil.

Stutgart,
bei Erhard und Löflund.
1790.

Innhalt

I. Geo-

I.

Das
Königreich Ponthiamas.

Von Malakka gegen Norden zu liegt ein kleines Ländchen, genannt Kankar, oder wie es gemeiniglich auf den See=Karten stehet Ponthiamas. Dieses Ländchen liegt zwischen dem Reich
Siam, das durch seinen Despotismus immer mehr und mehr entvölkert wird; zwischen
Kamboya, das gar keine beständige Regierungs=
form hat, und zwischen den Besizzungen der Malaien, deren unruhiger Geist, weder von innen,
noch von aussen Friede halten kann. Von solchen
Nachbarn umringt, war das schöne Land unbe-
bauet, und beinahe ganz unbewohnt, bis ohngefähr vor 70 Jahren.

Ein Sinesischer Kaufmann kam mit seinem
Schiff öfters an diese Küste, und betrachtete sie
A   mit

mit jenem forschenden Geist, mit der überlegenden
Klugheit, die seiner Nazion so eigen sind. Es
schmerze ihn, daß ein so großer Strich Lands auf
immer unfruchtbar liegen bleiben sollte, da doch
der Boden viel fruchtbarer war, als der beste in
China; er machte also einen Plan, ihn zu benuz-
zen. In diesem Vorhaben, warb er eine gewisse
Anzahl Kolonisten, sowohl aus China, als den
benachbarten Völkern; dann verschaffte er sich auf
eine gute Art den Schuz der mächtigsten herum-
liegenden Fürsten, die ihm selbst eine Anzahl Truppen in seinem Sold überliessen.

Auf seinen Reisen nach Batavia, und auf
die Philippinische Inseln lernte er von den Europäern alles, was sie nach den Chinesern gutes in ihrer Staatskunst haben; er lernte die
Kunst zu bevestigen, und sich zu vertheidigen.
Der Gewinn, den er aus seiner Handlung zog,
sezte ihn bald in den Stand, daß er Wälle auf-
werfen, Schanzgräben herumziehen, und sich
mit Artillerie versehen konnte. Diese ersten Vor-
kehrungen stellten ihn gegen die Einfälle der angränzenden barbarischen Völker in Sicherheit.

Die Felder vertheilte er als ein wahres Ge-
schenk an seine Kolonisten, ohne sich Frohndien-
ste, Lehensgebühren oder andere dergleichen Rechte vorzubehalten, die dem Ackerbau am meisten
schä-

schaden, und von keinem klugen Volke jemals sind
ausgeübt worden; er verschaffte auch seinen Ko=
lonisten sogar noch alle Instrumenten, die sie
nöthig hatten, ihre Felder gut zu bestellen.

Da sein Plan war, ein Völkchen aus Ackers=
und Handelsleuten aufzurichten, so fand er für
gut, ihnen nur solche Gesezze zu geben, wie sie
die Natur den Menschen unter allen Himmels=
strichen gibt; er verschaffte diesen Gesezzen An=
sehen, indem er selbst der erste war, der sie genau
befolgte, durch sein Beispiel von Simplizität,
Fleiß, Mässigkeit, Aufrichtigkeit und Menschen=
liebe; er führte also eigentlich keine Gesezze ein,
aber er that mehr, er führte gute Sitten ein.

Sein Ländchen wurde das Vaterland aller
fleißigen Leute, die sich darinn niederlassen woll=
ten. Sein Haven war allen Nationen offen;
durch solche Anstalten, wurden die allzuhäufigen
Wälder bald niedergehauen, die Felder umgeris=
sen, und mit Reis besäet; man grub Kanäle, die
Felder zu wässern; bald folgten reiche Erndten,
die zuerst den Einwohnern ihre Nahrung verschaff=
ten, in kurzer Zeit aber zum Stoff des ansehn=
lichsten Handels wurden.

Die umliegenden Barbaren, ganz erstaunt
über die schnellen Verwandlungen dieses sonst un=

A 2

frucht=

fruchtbaren Landes, kamen und holten sich Lebensmittel aus dem Magazin von Ponthiamas. Dieses kleine Ländchen ist jezt die wahre Vorraths-
kammer dieses östlichen Theils von Asien. Die
Malaien, die Einwohner von Cochinchina, selbst
das fruchtbare Siam betrachtet diesen Haven als
den sichersten Zufluchtsort wider die Hungersnoth.

Reis wird in diesem Ländchen am meisten und
zwar eben so gebaut, wie in Cochinchina. Die
glüklichen Einwohner von Ponthiamas haben ihren Ueberfluß nicht einer besondern Art der Lan-
des-Kultur, sondern ihren Gesezzen und Sitten
zu verdanken.

Wenn der Sinesische Kaufmann der Stifter
dieser handelnden Akkersgesellschaft, den übrigen
Souverainen von Asien nachgeahmet, und will-
kührliche Auflagen eingeführt hätte; wenn er nach
dem Beispiel seiner Nachbarn durch Einführung
der Lehens-Herrschaft, dem Scheine nach die
Felder ihren Akkersleuten, im Grunde aber, die
eigenthümliche Herrschaft einem einzigen überlassen hätte; wenn er sich einen Pallast gebaut, und
statt der Simplizität seines Hauses, Schwelge-
rei und Luxus darinn eingeführt; wenn er seine
Größe darein gesezzet, einen glänzenden Hof zu
halten, sich von einem Haufen unnüzzer Diener
umrin-

umringet zu sehen, und nur die schönen Geister
zu schäzzen; wenn er die arbeitsamen Leute, die
die Erde umreissen, sie mit ihrem Schweise be=
nezzen, und ihre Brüder ernähren, verachtet: wenn
er seine Kolonisten wie Sklaven behandelt; wenn
er die Fremden nicht als Freunde in seinem Ha=
ven aufgenommen hätte: so würden die Felder
seines Landes noch wüst und unbevölkert seyn,
oder seine unglüklichen Einwohner würden ohn=
geachtet ihrer Wissenschaft von Akkerbau, und
samt den besten Werkzeugen der Kultur, Hungers
sterben. Aber der einsichtsvolle Kiangtse (so hieß
der Negoziant) war überzeugt, daß auch er reich
sei, sobald es seine Kolonisten seien: er legte also
nur eine mässige Auflage auf die Einfuhr frem=
der Waaren; der Ertrag seiner Felder, schien ihm
hinreichend ihn mächtig zu machen. Seine Auf=
richtigkeit, seine Mässigung, seine Menschenliebe
verschafften ihm Ehrfurcht. Er verlangte nicht
seine, sondern die Herrschaft der Vernunft vest zu
sezzen. Sein Sohn, der jezt an seinem Plaz ist,
hat mit den Gütern seines Vaters, auch seine
Tugenden geerbt. Er ist durch den Akkerbau und
Handel mit Lebensmitteln, die sein Ländchen trägt,
so mächtig worden, daß ihm die benachbarten Bar=
baren alle den Titel eines Königs geben, den er
aber verschmäht. Er verlangt kein andres Recht
der Hoheit, als das schönste aus allen, nämlich

A 3   jedem

jedem Menschen Gutes thun zu können; er ist zu-
frieden, daß er der erste Akkersmann, und der
erste Kaufmann seines Landes ist, und verdient
also eben wie sein Vater, nicht nur den Namen
eines Königs, sondern den noch größern, eines
Wohlthäters der Menschen.

II.

Verſuch

über die Sitte der indiſchen Weiber, ſich mit den Leichen ihrer Männer zu verbrennen.

———

Das einzige Mittel das, auch ſchwach organiſirte Menſchen über Tod und Gefahren kann ſiegen machen, iſt — Fanatismus! —

Wie ſchröklich ſind die Folgen der Schwärmerei, die im raſenden Taumel der benebelten Vernunft alle Bande der menſchlichen Geſellſchaft auflößt, und den Schwachkopf zum Ungeheuer umwandelt! —

Unter dieſe Folgen gehört auch die alte Sitte der Bewohner an den Ufern des Gangesſtroms, a) von der ich hier meinen Leſern aus den neueſten Beſchreibungen gezogene authentiſche Nachrichten mittheilen will. —

A 4   Man

a) In Oſtindien.

Man hat vieles über diese barbarische Gewohnheit geschrieben, von welcher die ältesten Geschichtschreiber schon Meldung thun; und noch immer staunt man über die Wirkungen dieses religiösen Fanatismus, der ohne Zweifel einer grausamen Politik seinen Ursprung zu danken hat, um die Weiber zu verhindern, den Tod ihrer Gatten zu beschleunigen. b) — Wenn wir die wütendsten Ausbrüche der religiösen Schwärmerei aufsuchen wollen, so dürfen wir nur zu den Indiern gehen, in deren Adern siedheißes Blut kochet, das vom Aberglauben Nahrung erhalten, sie zu den kühnsten unmenschlichsten Tollheiten fähig macht, von denen ich meinen lieben Lesern ein andermal mehrere Beispiele vorlegen werde. —

Religiöse Schwärmerei und Stolz, sind die Beweggründe der sonst unerklärbaren, und mit der Natur des Menschen, so wie mit der Einrichtung einer wohlgeordneten bürgerlichen Gesellschaft streitenden Gewohnheit, daß die Wittwe sich, nach dem Absterben des Mannes mit deßen Leichnam verbrennt. — Daß eine der Triebfedern dazu, religiöse Schwärmerei sei, ist daraus klar, weil man den armen Schlachtopfern glaubend macht, daß sie für diesen Beweiß ehelicher

b) Der alte griechische Geschichtschreiber Diodorus Siculus spricht auch davon.

licher Liebe und Treue den höchsten Grad himm=
lischer Freuden schmekken werden; und daß Stolz
sich mit ins Spiel mische, ist nicht abzuläugnen,
weil nur die Vornehmsten unter den heidnischen
Ostindiern, nemlich die Weiber der Braminen,
das Vorrecht haben, sich zu verbrennen. — Al=
lein beide Stüzzen mit deren Hülfe dieser wi=
dernatürliche Gebrauch sich bisher erhalten hat,
fangen an zu wanken. — In allen denen Staa=
ten, wo die Fürsten der mohamedanischen Reli=
gion zugethan sind, (und deren sind jezt die mehr=
sten) ist ausdrüklich verboten, daß keine Wittwe
sich mehr verbrennen soll, und diese lezteren ha=
ben, unter andern durch den Umgang und durch
das Beispiel der Europäer schon gelernt, daß
den Verstorbenen mit einem solchen Opfer nicht
gedient, und daß es sicherer sei, das, was man
hat, zu genießen, als eine unsichere Belohnung
so theuer zu erkaufen. Auf Ostindiens westlicher,
der sogenannten malabarischen und der Marat=
tenküste, wo die mohamedanische Religion den
wenigsten Eingang gefunden hat, fallen derglei=
chen Verbrennungen noch wohl vor, doch werden
sie auch da schon seltner, und die Strenge der
Braminen hat den Weibern den Flammentod
gegen eine ewige Wittwenschaft erlassen; nur hie
und da verbrennt sich noch eine, die, was man
in Europa nicht begreiffen wird, ihren Mann

A 5   wirk=

wirklich lieb genug gehabt hat, um ihn nicht
überleben zu wollen, oder deren andächtige Be=
gierde nach den unbekannten Freuden jener Welt
sie gegen die hier vorhandenen unempfindlich ge=
macht hat.   Doch eben so wie diese Unempfind=
lichkeit widernatürlichen Ursprungs ist, so muß sie
auch durch widernatürliche Mittel unterhalten, und
·bis zum lezten fürchterlichen Augenblik gestärkt
werden. —

Die gänzliche Enthaltung von Speisen, wel=
che die arme durch Vorurtheil und Ueberredung
verblendete Wittwe, nach der Vorschrift der Bra=
minen, beobachten muß, um sich zu dem vor=
habenden Opfer zu bereiten, schwächt, wie alles
Fasten, die Lebhaftigkeit der körperlichen Em=
pfindung, und gewissermaßen selbst die Liebe zum
Leben. — Das Gebet, welches die Geistlichen
Tag und Nacht mit ihr fortsezzen, hizt die Einbil=
dungskraft und zieht sie von sinnlichen Gegenstän=
den ab, und das berauschende Opium erhöht, am
Tage des Opfers, den Muth des schwachen Weibes,
den ohne dies Hülfsmittel der bloße Anblik des
fürchterlichen   Scheiterhaufens   niederschlagen
könnte. —   Die Art der Verbrennung selbst ist
nicht durch ganz Ostindien einerlei, sondern auf
der Küste Malabar anders, als auf der Küste
Coromandel, und wiederum anders in Bengalen.
Am leztern Orte ist, seit der Herrschaft der Eng=
läu=

länder, diese grausame Gewohnheit zwar gänzlich abgeschafft, doch wird sie noch in den innern
Gegenden des Landes heimlich, ja, wie man
den geldgierigen europäischen Oberherren nachsa-
gen will, wenn die andächtige Wittwe eine gewisse Summe Geldes bezahlt, wohl gar öffentlich geduldet. In welche Abscheulichkeiten ver-
leitet die Habsucht! Unvergängliche Denkmale
davon, haben die Europäer in Amerika und in
Ostindien hinter sich gelassen, haben Schandsäu-
len ihres Geizes an den Ufern des Ganges so wie
auf der afrikanischen Küste und im südlichen Amerika errichtet, bei denen jeder Gefühlvolle aus-
speit. Ihr Name ist in den Herzen schuldloser
Menschen gebrandmarkt, die ihre Brüder waren! — — — Das Eigenthümliche der Methode bei dieser Zeremonie besteht in Bengalen darinnen, daß der Scheiterhaufen auf mannshohen
Pfählen errichtet ist c). In Bengalen giebts
auch Weiber, die sich auf den entseelten Leichnam ihres Gatten fest binden lassen.

Ein Trupp ostindischer Musiker, (die in
Absicht des Geräusches, und der äußern Form
mit

c) Eine Abbildung von diesen Verbrennungs = Zeremonien findet man in Sprengels Kalender, welchen
ich bei diesem Aufsazze hauptsächlich auch zu Rath-
zog.

mit der Janitscharen-Musik manches gemein hat,)
eröffnet den Zug, mit welchem die Heldinn des
Schauspiels zu ihrem Opfer-Tode geht.   Der
wilde Klang von Hörnern und Trommeln ver-
kündigt den Sieg der Schwärmerei über die Natur, hilft die freiwillig sich Opfernde vollends be-
täuben, alle Besinnung von ihr verscheuchen, er-
gözt und zerstreut den neugierig und gedankenlos
nachfolgenden Pöbel.   Nach der Musik folgen
einige Braminen, mit Blumen in den Händen
die der Gottheit geweihet sind, und in den Pa-
goden-Tempeln bei Gözzenopfern gebraucht zu
werden pflegen. — Nach diesen Braminen, die
gewöhnlich von der Familie des Verstorbenen sind,
erscheint die Wittwe in einem langen weißen Gewand mit herabhängendem Haar; sie nimmt in
der Nachbarschaft des Scheiterhaufens, ihr Ge-
schmeide ab, und giebt es ihrer nächsten Ver-
wandtin, die in gleichem Anzuge als sie selbst
vor ihr steht, und den lezten Beweiß von Zunei-
gung in niedergeschlagener Stellung annimmt.
Hinter der Wittwe folgen andere Braminen mit
Gefäßen voll Oel, und auf diese noch andere mit
brennenden Fakkeln. —

Dieß sind in Indien lange Stäbe von einer
sehr harzigen Gattung Holz, die langsam und
so hell als unsere Wachsfakkeln brennen. —

Nach

Nach Austheilung ihres Schmuckes nehmen alle
Verwandten Abschied von der Leidtragenden, und
wünschen ihr mit weinenden Augen Glük zu der
Freude des Himmels, die sie zu erkaufen im Begriffe steht, dann steigt sie, vermittelst einer Lei-
ter, auf den Scheiterhaufen, legt sich neben den
Leichnam ihres Gatten, und umfaßt denselben. —
Nun wird über beide ein großer Baum fest ge-
bunden, (ohne Zweifel um die Unglükliche, wenn sie
nach ihrem Entschluß wankend werden sollte, wider
Willen, und zu Verhütung öffentlichen Aerger-
nißes, fest zu halten) und sodann die Lükke unter dem Scheiterhaufen mit dürrem Reißig und
allerhand brennbaren Materialien in einem Augenblik ausgefüllt; die Braminen des Gefolges
leeren ihre Oelgefässe auf dieses Reißig aus, und
der nächste Verwandte zündet es mit seiner Fakkel an; der Rest des Gefolgs vermehrt die Flam-
me, auf allen Seiten durch Anlegung der Fakkeln, und wenn nun das arme Schlachtopfer
nicht gleich durch den aufsteigenden Dampf, der
sie dem Anblik der Zuschauer verhüllt, erstikt wird,
so überstimmt wenigstens das wilde Ertönen der
Instrumente und die lauten Triumphgesänge der
Braminen ihr jämmerliches Angstgeschrei. So
bald der Scheiterhaufen selbst auf allen Seiten
in Flammen steht, und man sicher annehmen
darf, daß die Sterbende keinen Laut mehr von sich

geben

geben kann, dann wird die Muſik ſtill, und dieſe
Stille mit dem Anblik der lodernden Flammen,
müßte auf fühlende Herzen einen ſchauderhaften
Eindruk machen, wenn Gewohnheit nicht jeden
Eindruk ſchwächte, oder gar vernichtete; bald iſt
von dem dürren Holze nichts als ein Häufchen
Aſche mehr übrig, man ſammelt alsdann die Gebeine, welche das Feuer etwa verſchont hat, und
wirft ſie in den Ganges oder in einen andern
geheiligten Fluß, gießt Milch als eine Libation
oder Todtenopfer auf die Stätte, und die Bram-
nen kehren im Triumph, darüber, daß ſie eine
Seele an den Ort der Freude befördert haben, in
Prozeſſion nach Hauſe zurük. —

Auf der malabariſchen Küſte wird der Scheiterhaufen in einer tiefen Grube errichtet, ſo daß
die oberſte Fläche des Holzſtoßes, auf welchem
der Verſtorbene liegt, noch ein paar Fuß niedriger als der Rand der Grube, und folglich über
der Erde nichts davon zu ſehen iſt. — Von dem
ausgegrabenen Erdreich werden dicht an der
Grube ein paar Hügel aufgeworfen, und dann
der ganze Plaz mit fünf Fuß hohen Schranken
von ausgeſpanntem weiſſem Kattun umzäunt.
Die Prozeſſion iſt bis auf geringe Abänderungen,
dieſelbe, als weiter oben beſchrieben worden. —
Unterdeſſen daß die Wittwe ſich ihres Schmuk-
kes

kes entledigt, wird der vom troktenſten Holze
lokker aufgeſezte, und mit brennbaren Materia=
lien vermiſchte Scheiterhaufen in Brand geſtekt.

Nun ſteigt die ſich Opfernde auf einen von
jenen Erdhügeln: die Wand von Kattunleinwand,
welche ihr den Anblik der Flammen= Gruft ver=
barg, wird von dieſer einzigen Stelle plözlich
weggeriſſen, und in demſelben Augenblik ſpringt
ſie, mit einem Gefäß voll Oel auf dem Haupte
hinein. Die Verwandten, die mittlerweile ſich
in einen Kreiß geſtellt haben, und wegen der
ſonſt überall ſtehenden Wand von ausgeſpannter
Leinwand, nicht in die Grube hinein ſehen kön=
nen, werfen ihre mitgebrachten Geſchirre voll Oel
nach, und der Reſt der Zuſchauer wirft weit
ſchneller als unſere Todtengräber, die Erde und
Stükke troknen Holzes hinterdrein. Das arme
Schlachtopfer iſt mittlerweile entweder vom Rauch
erſtikt, oder, das von Oel triefende Kleid hat
unverzüglich Feuer gefangen, und ihrer Qual
ſchnell ein Ende gemacht; das von allen Orten
herzuſtürzende Holz verbirgt endlich in wenig
Sekunden den grauenvollen Anblik vor aller Au=
gen, indem von der ganzen Szene izt nichts
mehr als ein niedriger, nur etliche Fuß hoher
Klumpen Holz, in Flammen lodernd, zu ſehen
iſt. — Dieß hat nun ſchon ungleich weniger
ſchrök=

schrökkendes, und beruhigt die Einbildungskraft, durch das unbedeutende Ansehen eines Wacht= feuers. —

Die dritte Methode weicht von der vorher= gehenden blos darinn ab, daß der Scheiterhau= fen zwar über der Erde, aber nicht auf Pfäh= len errichtet, und ungefähr nur mannshoch ist. —

In einigen Gegenden (sagt der Reisebeschrei= ber Sonnerat) lassen sich die Wittwen mit dem Leichname ihres Gatten lebendig begraben. — Sie sezt sich in das hiezu bestimmte Grab, das wie ein Keller ausgehölt ist, hält ihren entseel= ten Gatten in den Armen, und sogleich scharrt man die Erde um sie her zu, bis an den Hals des Weibes. Man bedekt sie mit einem Tuche, reicht ihr noch einen besonderen Trank in einer Muschel, und erdrosselt sie. —

Nun sagen Sie, meine Leser, sind das nicht schauervolle Wirkungen aberglaubischer Schwär= merei? — Auch die wärmsten Empfindungen erstikket diese Geistesmörderin — die mütterliche Liebe! — Im Jahr 1763. wurde ein solches un= glükliches Schlachtopfer des Aberglaubens auf der koromandelischen Küste, in der Gegend von Tran= kebar d) verbrannt. — Sie hatte den Kopf ihres
Gatten

d) Diese Stadt in der Landschaft Tanschur, ist wegen der berühmten Missionsanstalt, welche ihre Besizzer die Dänen darinn gestiftet haben, bekannt.

Gatten auf ihrem Schoose liegen; — auf einmal erblikt sie ihr einziges Söhnchen, das erst noch an den Brüsten dieser unnatürlichen Mutter war gesäugt worden; sie begehrte ihn nochmalen zu umarmen; sie drukte ihn an den emporschwellenden Busen; die Natur erhob ihre Stimme wieder, um ihre Rechte zu behaupten; das Mutterherze schien sich der sanften Empfindung wieder zu öffnen, als plözlich die Schwärmerei wieder aufwachte; beschämt über ihre Schwachheit, sties sie den Säugling zurük, ergriff die brennende Fakkel und zündete den Scheiterhaufen selbst an! — — — Gott im Himmel, wie tief können Menschen sinken!

III.

Beschreibung
der
Insel Java *).

Diese Insel wird vorzugsweise und zum Unter=
schiede von der Insel Bali oder klein Java, die
in Ansehung der ersten gegen Morgen liegt, und
von ihr blos durch eine Meer=Enge abgesondert
ist, gemeiniglich groß Java genannt. Ihr ei=
gentlicher Name ist nicht Java, sondern Djava,
welcher Name von einer gewissen Getraid=Art
herrührt, die dem Geschmak nach dem Hirse nahe
kömmt, und ehe der Reis hier bekannt wurde,
nicht nur dieser Insel zu einem allgemeinen Nah=
rungs=Mittel diente, sondern auch in benachbarte
Gegenden verführt wurde.

Die Einwohner von Boruno werden für die
ersten Entdekker dieser Insel gehalten. Sie pfleg=
ten jährlich große Ladungen von jenem Getraide
zu

*) Ein Auszug aus der von Ebert aus dem Holländi=
schen übersezten Beschreibung dieser Insel.

zu holen, und dafür die Javaner mit Kleidungs=
stükken, und andern ihnen nöthigen Waaren zu
versorgen. Auch die Einwohner der Molukischen
Inseln scheinen ebenfalls sehr zeitig Handlung
mit ihnen getrieben zu haben, da es sehr wahr=
scheinlich ist, daß verschiedene Thiere und Haus=
geräthe von ihnen herkommen, da sie noch heuti=
ges Tags Ambolnische Namen führen. Die In=
sel Java ist nicht weit von dem Aequator ent=
fernt. Ihre nördlichste Spizze hat eine südliche
Breite von 5 Grad 25 Minuten; und die südlich=
ste, eine Breite von 8 Grad 6 Minuten. Die
mittlere Breite der Insel beträgt ohngefähr 1 1/2
Grad, ihre Länge aber enthält gegen 9 Grad.

Die östlichste Spizze dieser Insel stellt eine
kleine Halbinsel vor, die sich in drei Vorgebürge
endigt. Weiter gegen Nordost liegt das Vorge=
bürg Jandano; von da läuft die Küste in einer
Strekke von 1 1/2 Graden, ganz flach, bis an
die Spizze Kaleyer fort; in diesem Zwischenraum
befindet sich die Meerenge von Madura, die zwi=
schen Java und Madura ist. Von dieser Spiz=
ze, bis an die von St. Nikolas läuft die Küste
mit vielen Vorgebürgen und Meerbusen fort.
Die Ufer sind hier fast überall mit Klippen und
kleinen Inseln besezt; diese Strekke faßt auch die
Rhede von Batavia in sich. Weiter auf der Süd=

B 2   west=

west = Seite ist die Meerenge von Sumatra, und
die Prinzen = Insel, die von Java durch die so=
genannten Behaeden Passasche getrennt ist. Von
da läuft die südliche Küste der Insel fort, und
endigt sich an der östlichen Spizze. Auf dieser
Küste liegen noch die zwei kleinen Inseln Lom=
bang und Baron, wovon diese eine mit steilen
Felsen besezte Küste hat, die bis in eine uner=
meßliche Tiefe, senkrecht in das Meer gehen, so
daß man an diesen Stellen keinen Grund finden
kann. Diese südliche Küste endigt sich an der
östlichen Spizze der Insel, allwo die Insel Bali
oder klein Java liegt, die eine Meerenge mit
ihrer westlichen Spizze bildet.

Die Insel Java besteht aus verschiedenen
Königreichen, die durch unabhängige Fürsten be=
herrscht werden; unter ihnen ist der Kaiser von
Java, oder wie er im Land genannt wird der
Son Souhanam, der mächtigste; hiezu kom=
men noch die Besizzungen der holländischen ostin=
dischen Kompagnie, die sehr ansehnlich sind und
meistentheils in Niederlassungen bestehen, die in
den verschiedenen Provinzen der Insel liegen.

Der westliche Theil der Insel macht das
Königreich Bantam aus. Dieses Königreich hat
seinen eigenen unabhängigen Beherrscher. Ein
Theil

Theil dieses Königreichs stoßt an die Meerenge
Sunda, die es von der Insel Sumatra trennt.

Die äußere Küste von Bantam hat viele
Dörfer und Flekken; auf der nordöstlichen Seite
liegt die Stadt Anir an zwei Flüßen; sie ist eigentlich nur ein offener Flekken, welcher ungefähr 1000 Familien enthält, die zum Theil in
der Stadt selbst, zum Theil aber vor derselben
wohnen. Wenn man einige Gebäude der Vornehmen ausnimmt, so bestehen fast alle Häuser
aus Bambus.

Außer Anir findet man in dieser Gegend
noch zwo ähnliche Städte, nämlich Jankolan
und Freritti, ingleichen zwanzig Dörfer, die zusammen beinahe 40000 Einwohner in sich enthalten. Aber die vornehmste Macht des Königreichs besteht in der Stadt Bantam, die nach
Batavia die wichtigste Stadt auf Java ist.

Ehemals war hier der Siz des Pfeffer- und
Gewürzhandels; die Javaner holten diese Produkten aus den Molukkischen Inseln, und wurden mit mohrischen Fahrzeugen, die aus Arabien
und einigen Gegenden von Indien kamen, durch
die ganze Welt verführt. Dieser Handel aber ist
sehr gefallen, und mit ihm auch der Flor der
Stadt; auch ist sie überdas zu Ende des vori-

gen

gen Jahrhunderts abgebrannt, und hat seit der
Zeit bei weitem ihre vorige Größe und Macht noch
nicht erhalten.

Die Stadt liegt in der Mitte einer Bucht,
vor welcher verschiedene kleine Inseln liegen, die
die Gewalt des Wassers dergestalt brechen,
daß man hier eine vollkommen sichere Rheede
hat.

Die Gegend, in der die Stadt ist, ist sehr
eben und macht den Fuß eines hohen Gebirges
aus, welches von der Rheede betrachtet, eine
sehr angenehme Aussicht giebt.

Bantam ist auf allen Seiten mit Wasser
umgeben, das sie aus einem Flusse, der mit ihr
gleichen Namen führt, erhält. Aus ihm wird
auch der Stadtgraben abgeleitet, welches sehr
bequem geschieht, da der vornehmste Arm dieses Flußes durch die Stadt läuft. Da die Lage
dieser Stadt den Holländern sehr wichtig war,
so haben sie schon vor etwa hundert Jahren an
der Mündung des Flußes Bantam eine Bestung,
der sie den Namen Speelwyck gaben, aufgerichtet. Diese Bestung ist zwar nicht groß, allein
ungeachtet deßen ist sie doch im Stande, die ganze
Stadt in Gehorsam zu erhalten, vermittelst einem hohen Reiter 5 und einer Batterie von zehn
Kanonen, die im Nothfall die Stadt ganz nie-
derschießen können.   Es

Es ist auch ein ansehnliches Pakhaus hier, welches zur Aufbewahrung des Pfeffers und anderer Waaren, die von der ostindischen Handlungsgesellschaft eingekauft, und verkauft werden, dient.

Die Stadt selbst ist sehr schlecht und unordentlich gebauet, auch ihre Vestungswerke haben nicht viel zu bedeuten. An der Seeseite findet man eine hohe dikke Mauer nebst einigen baufälligen Bollwerken, die mit etlichen Kanonen besezt sind.

In der Stadt giebt es drei Hauptstraßen, die auf den Markt führen, und insgesammt mit großen Kokos = Bäumen besezt sind. Allein die Häuser sind sehr schlecht, aus gespaltenem Rohr, Kokos = Bäumen, oder Schilf zusammengesezt, die Zwischenräume sind mit Thonerde ausgefüllt, und hernach mit Kalk überworfen; die Dächer einiger Häuser sind mit Ziegeln, allein der meisten nur mit Pisang und andern großen Blättern bedekt.

Man findet auch, jedoch in sehr geringer Anzahl, steinerne Häuser, wovon das vornehmste das königliche Schloß ist, welches auf dem grossen Markte steht, und im Jahr 1680, von einem holländischen Ueberläufer, der bei der Kompagnie

als

als Maurermeister in Diensten stund, erbauet
worden. Dieses königliche Schloß stellt ein längliches Vierek vor; zu seiner Vertheidigung hat
es 4 Basteien, und zwischen jedem Paar einen
halben Mond, welche Werke insgesammt mit hinlänglichem Geschüz versehen sind, auch ist es mit
einem Graben umgeben. Das Innere dieses Gebäudes ist sehr prächtig, und enthält viele artige,
auf holländische Art angelegte Zimmer, die mit
holländischem und mohrischem Hausgeräthe aus-
geziert sind.

Das beßte Gebäude nach dem königlichen
Schloß ist das Haus des Chinesischen Befehlshabers, welches außer den Wällen der Stadt in
dem Chinesischen Quartier liegt, das eine der
vornehmsten Vorstädte dieser Stadt ist. Hier
wohnen sehr viele Chineser, ohne welche der ganze Handel von Bantam nicht viel zu bedeuten
haben würde; denn auf dem Markte der Eingebornen kann man nichts als einige Früchte bekommen.

Nicht weit vom königlichen Schloß ist eine
kleine Zitadelle, die den Namen Diamant führt.
Sie ist nicht groß, und nur mit einigem Ge-
schüzze versehen. Hier wohnt der holländische Befehlshaber, der tausend Mann zur Beschüzzung
des Königs unter sich hat. Nicht weit von diesem

sem Werke befindet sich eine große, steinerne
Brükke über den Fluß. Unter den hölzernen Ge=
bäuden verdient der schöne Tempel der Mohren
den Vorzug. Er besteht aus fünf Stokwerken,
wovon die obersten immer kleiner sind, als die
untersten, doch ist darinn, so wie in allen Tem=
peln der Mohren, nichts merkwürdiges zu sehen.

Gegen die Landseite zu hat die Stadt eine
unsichere Lage, weil die Mauern fast überall ein=
gefallen sind, und sich niemand um ihre Wieder=
herstellung bekümmert. Außer der Stadt trift
man an der Küste einige Salzsiedereien an, die
sich auch in einem erbärmlichen Zustande befin=
den.

Man findet in dieser Stadt verschiedene Na=
zionen, die sowohl aus Europa, als auch aus
den östlichen Ländern der Handlung wegen hie=
her kommen. Doch bestehet beinahe ihr ganzer
Handel blos im Einkauf von Ingwer; denn der
Pfeffer = Handel gehört ausschließlich der hollän=
disch = ostindischen Kompagnie.

Die ersten Beherrscher dieses Königreichs
sind unbekannt. Die Geschichte dieses König=
reichs, so weit sie den Europäern bekannt ist,
fängt von einem gewißen Ibn Israel an, der
im

im Jahr 1406 aus Arabien kam, und die Ein=
wohner, die alle Heiden waren, zur Annahme
der mahumetanischen Religion bewog, und sich
zugleich diese Gegenden unterwarf. Seine Nach=
kommen haben lange seinen Thron beseßen; ihr
Reich war aber viel ausgedehnter, als das jez=
zige Königreich Bantam, denn sie besaßen zu=
gleich noch viele Stükke des Königreichs Jaca=
tra.

Die erste Reise der Holländer nach dieser In=
sel ist vom Jahr 1595. Bantam war der Ort,
wo sie sich zum ersten niederließen; es waren
vier Schiffe der ostindischen Kompagnie, die
hier landeten.

Die Holländer hatten aber das Unglük gleich
bei ihrer Ankunft den Haß der Portugiesen, die
damals die mächtigste Europäische Nazion in
Ostindien waren, zu empfinden.

Hiezu kam noch das Verfahren des hollän=
dischen Schifs=Kommandanten Houtmann, der
als er der Stadt wegen einer Ungerechtigkeit,
die sie in dem Handel gegen die Holländer be=
gangen hatte, drohete, sie in den Brand zu stek=
ken; dabei die Unvorsichtigkeit hatte, sich nur
mit sieben Leuten in die Stadt zu begeben. Der
Landvogt von Bantam ließ ihn sogleich in Ver=

haft

haft nehmen; und ließ ihn nicht eher los, bis
die Holländer ein großes Lösegeld für ihn bezahl=
ten, wobei ihnen zugleich aller Handel untersagt,
und ihnen angedeutet wurde, diese Gegend wie=
derum zu verlaßen.

Die zweite Reise der Holländer vom Jahr
1508. hatte einen glüklichen Erfolg; denn es
wurde ihnen sogleich aller Handel gestattet. Auch
wuchs im Jahr 1601. ihr Ansehen sehr; als vier
holländische Schiffe eine portugiesische Flotte von
30 Schiffen die Bantam belagerten, und die
Holländer aus Ostindien treiben wollten, schlu=
gen. Von dieser Zeit hatte die holländische Hand=
lung ihren Siz in Bantam, bis im Jahr 1618
neue Unruhen entstunden, die die Einnahme
etlicher Provinzen des Königreichs Jacatra
und die Erbauung der Stadt Batavia veran=
laßten.

Gegen Osten in Ansehung von Bantam liegt
das zweite Königreich dieser Insel Jacatra, auf
deßen nördlicher Küste Batavia erbauet ist. Die
Grenze des Königreichs Bantam, und der hol=
ländischen Besizzungen in Jacatra macht der Fluß
Tangerang, der diese beiden Gebiete von ein=
ander scheidet.

Die südliche Küste dieser Provinz läuft erst=
lich gerade gegen Süden zu, und kehrt sich als=
dann

dann wiederum gegen Osten, wodurch eine stumpfe hervorragende Spizze, und an deren westlichen Seite eine große Bucht gebildet wird.

Nicht weit vom Ufer ist die See ziemlich tief; allein am Ufer selbst giebt es viele verborgene Klippen und Sandbänke unter dem Wasser; auch findet man nirgends keinen guten Ankergrund, so daß das Anlanden auf dieser südlichen Seite sehr gefährlich und unbequem ist. Diese Küste ist größtentheils unbewohnt, ausgenommen in der Provinz Sidamer, wo man verschiedene Dörfer findet.

Das erste von diesen Dörfern ist Boenon C'affi, welches gegen dreißig Familien enthält; worauf noch fünf andere Dörfer folgen, wovon jedes gegen hundert Familien stark ist.

Auf der nördlichen Küste ergießen sich verschiedene Flüße in das Meer, unter denen der schon genannte Tangerang und der Pontang die vornehmsten sind. Dieser lezte fließt mitten durch die Stadt Tirtiassa, die eine Meile vom Seestrande liegt. Diese Stadt war ehedem eine der vornehmsten des ganzen Landes; sie enthielt über sechstausend Familien, sie wurde aber in einem Krieg etlicher Javanischen Fürsten sehr verwüstet.

Dem

Dem Fluß Pontang gegen über, dritthalb Meilen von der Küste trift man in der See eine gefährliche, unter dem Waſſer verborgene Klippe an, die Tſieribon genannt wird. Weiter gegen Norden zu bildet die Küſte den Meerbuſen von Batavia, der von den zwei hervorragenden Spizzen Ontong, Djava und Karawang begränzt iſt. Dieſer Zwiſchenraum macht die Bucht aus, die ſechs Meilen lang und zwei Meilen breit, an ſich ſelbſt aber gegen die See zu zwar offen iſt, jedoch verſchiedene Inſeln zu ihrer Bedekkung hat, welche die Gewalt der Wellen brechen, und der Rheede von Batavia eine hinlängliche Sicherheit verſchaffen.

Die erſte von dieſen Inſeln iſt Amſterdam, und nicht weit davon Schiedam die ziemlich unbeträchtlich ſind; weiter gegen Süden iſt die Inſel Onruſt (Unruhe) welche dieſen Namen mit Recht verdient, weil hier ein beſtändiges Klopfen und Sägen an den ſchadhaften Schiffen, die man auf dieſer Inſel ausbeſſert, gehört wird. Aus dieſer Urſache iſt auch dieſe Inſel mit Sägemühlen und anderen zum Schiffbau nöthigen Anſtalten und Werkzeugen verſehen, und kann daher für eine Art von Wunderwerk in dieſen öſtlichen Gegenden, wo die mechaniſchen Künſte noch in der Wiege liegen, gehalten werden.

Fünf

Fünf Meilen von Onrust ist die kleine Insel
Edam, die nicht mehr als eine halbe Meile im
Umfang hat. Hier ist ein Lustgarten des Gene=
ral = Gouverneurs, ein Lusthaus in Japanischem
Geschmak gebauet, und verschiedene andere sehr
reizende Gärten. Dieses und die freie und
kühle Seeluft, die man hier genießt, machen
diese kleine Insel zu einem der angenehmsten Lust=
örter. Außer diesem liegen noch verschiedene In=
seln in diesem Meerbusen, die aber unbewohnt
sind. Was das Innere des Landes auf dieser In=
sel anbelangt, so enthält es nichts merkwürdiges,
als verschiedene Dörfer und den Fluß Karavang,
der die Gränze zwischen den Besizzungen der Hol=
länder in Jacatra, den Ländern des Kaisers von
Java, und dem Königreich Thicribon ist.

Vierthalb Meilen vom See=Ufer liegt an
diesem Flusse die hölzerne Vestung Tandjong
Poera, die unter der Herrschaft der holländischen
Handlungs=Gesellschaft steht und mit einem Lieu=
tenant nebst einigen Soldaten besezt ist; sie ist
sieben Meilen von Batavia entfernt.

Gegen Westen zu kömmt man, ohne viel merk=
würdiges anzutreffen, nach Batavia; welche Stadt
an der See liegt und gegen Osten zu die Flüße
Tsiakan und Sondar nebst einigen kleinen Bä=
chen hat.

Ge=

Gegen Süden zu liegt das Fort Noordwyk,
Ryswyk, und das schon genannte Tandjang,
und gegen Westen zu das Fort Anker an dem
Fluße gleiches Namens; ingleichem Tangerang
an dem schon genannten Fluße von eben dem Na=
men, der in den benachbarten Gebirgen von Sa=
lak entspringt, und ein ansehnlicher Strom ist,
der gemeiniglich achtzehn, zur Regenzeit aber
bis gegen acht und zwanzig Fuß tief ist.

Das dritte Königreich in Java ist Thieri=
bon, welches in Ansehung des Königreichs Ja=
catra gegen Morgen liegt. Dieses Königreich
besteht aus neun Provinzen, von denen aber eine
die Landschaft Priargan eine freie Republik ist,
die durch die Oberhäupter ihrer sechs Hauptörter
regiert wird. Dieses Königreich wird durch ver=
schiedene ansehnliche Flüße bewässert, unter de=
nen vorzüglich der Fluß Indramaya in der Land=
schaft gleichen Namens merkwürdig ist; längst
diesen Flüßen liegen volkreiche Dörfer, die von
dieser Lage große Vortheile ziehen.

Tscheribon die Hauptstadt des Königreichs
liegt nicht weit von einem kleinen Fluße und ist
eine der größten Javanischen Städte und die Re=
sidenz der Beherrscher dieses Landes. Sie brei=
tet sich längst dem Fluße aus, und erstrekt sich

an

an einem schönen breiten Wege, fast anderthalb Meilen in das Land. Sie enthält dreissig bis vierzig tausend Einwohner, und besteht größtentheils aus schlechten Häusern die von Bambusrohr erbauet sind. Doch ist der Pallast des Königs ziemlich artig und von Stein erbauet, gleichwie auch das Haus des holländischen Befehlshabers und einige wenige andere Gebäude, unter welchen der Tempel der Mohren, der drei Stokwerk hoch ist, am besten in die Augen fällt.

Die holländisch ostindische Gesellschaft hat hier für ihren Befehlshaber eine Vestung errichten laßen, welche in einer Schanze mit zwei ganzen und zwei halben Bollwerken besteht, die aber blos von Holz gemacht sind.

Eine Meile von Tsieribon liegt das berühmte heilige Grab des Scheich Ibn Moelana, welches eine der ältesten und wichtigsten Merkwürdigkeiten von Java ist. Hier ist nämlich dieser vor allen andern sehr verehrte Heilige begraben, welcher viele heidnische Völker auf Java zur Annehmung des Mahomedanischen Glaubens bewogen hat. Bei den Einwohnern heißt dieses Grab durchgängig Astana (das ist Palais) des Sonsonhounam Goenong Djati.

Die

Dieser Jbn Moelana war ein gebohrner Ara=
ber, der im Jahr 1406. nach Java in die Ge=
gend kam, wo jezt Tsieribon liegt. Er hatte ei=
nen Anhang von Arabern mitgenommen, von
welchen er ausgab, sie seien ihm wegen seiner
Frömmigkeit nachgefolgt. Er ließ sich mit ihnen
auf einem Berg, der mit sogenannten Djatibäu=
men bepflanzt war, nieder, und führte daselbst
ein heiliges und einsiedlerisches Leben. Der Ruf
von seiner Heiligkeit kam bald vor die Ohren der
benachbarten Fürsten von Damak und Padjang,
die schon vor seiner Ankunft die Mahomedanische
Religion angenommen hatten. Sie waren be=
gierig ihn zu sehen, und giengen deswegen mit
vierzig in den Lehren der Mahomedauer erfahrenen
Männern zu ihm. Sie fanden ihre Erwartung
in Betreff seiner Frömmigkeit, und Erfahrung in der
Mahomedanischen Religion so übertroffen, daß
sie ihn sogleich baten einen Versuch zu machen,
die heidnischen Fürsten von Galoh und Padjad=
jaran in dem westlichen Theile von Java zur
Annehmung des Mahomedanischen Glaubens zu
bewegen.

Er that es auch, und zwar mit so glüklichem
Erfolg, daß die beiden Fürsten, und ihre Unter=
thanen nicht nur seine Lehren annahmen, son=
dern ihn auch zu ihrem Oberhaupt erklärten. Hier=

auf kehrte Ibn Moelana zu seinen beiden Freun-
den den Fürsten von Damak und Padjang wieder
zurük, und um sie von seiner Dankbarkeit zu überzeugen, ließ er sie ihr ganzes Volk versammeln,
und erklärte öffentlich, daß er von Gott geschikt
sei, ihnen zu befehlen, daß von diesem Tag an
ihre Fürsten sollten Sultane von ihnen genannt
werden.

Das Volk nahm diesen Befehl mit grofer
Freude an; der Heilige aber reißte in Begleitung
dieser zwei Fürsten wieder nach seinem Djatiberg.

Nach Verlauf eines Monats kamen die beiden neuen Sultane abermal mit einem großen
Gefolge zu dem Heiligen und gaben ihm ebenfalls einen sehr ansehnlichen Ehrentitel, indem sie
ihn zu der Würde eines Sousouhounam oder Kaisers vom Djatiberg erhoben.

Um es aber nicht bei einem bloßen Titel be-
wenden zu laſſen, beſuchten sie ihn nach einigen
Monaten wiederum, und brachten sechs tausend
von ihren Unterthanen mit sich, welchen sie Befehl ertheilten für den Heiligen eine acht hundert
Klaftern lange und eben so breite Stadt zu erbauen, und dieselbe mit einer sechs Ellen dikken
Mauer

Mauer zu umgeben. Diese Stadt wurde nach ihrer Erbauung Tscheribon genannt.

Ueber dieses gab der Sultan von Damak dem Heiligen auch seine Tochter zur Ehe, und zur Mitgabe die Stadt Tscheribon nebst den umliegenden Ländern.

Der neue Kaiser fand bald Mittel seine Länder zu erweitern, und unter dem Vorwand, daß er seine Religion fortpflanzen wollte, eroberte er viele benachbarte Gegenden; so machte er sich das Königreich Bantam unterwürfig und setzte von da nach Sumatra über, wo er auch etliche Länder eroberte.

Er starb in einem hohen Alter, und hinterließ drei Söhne, die seine Länder unter sich theilten und ihm zu Ehren das vorhin genannte Grabmal erbaueten.

Dieses Grabmal hat vorn eine viereckigte, hinten aber, wo es an einen steilen Berg anstößt, eine eyförmige Gestalt. Es besteht aus fünf Stokwerken, die aus einem Felsen gehauen sind. Das unterste Stockwerk ist das größte in Ansehung der Länge und Breite, indem die übrigen mit der Höhe verhältnißmäßig immer kleiner werden.

Man

Man geht auf das erste Stokwerk auf sieben
steinernen Stufen. Der Boden ist mit gebrannten Steinen gepflastert, und der innere Raum
huudert Fuß lang und breit, und vorn mit einer fünf Fuß hohen Mauer umgeben, die mit
weißen Chinesischen Steinchen, fast auf holländische Art belegt ist. Oben auf dieser Mauer
stehen an beiden Seiten der Treppe vier überaus
artige Blumengefäße von Porzellan, und linker
Hand zwei schattenreiche Kokos-Bäume.

Auf dem zweiten Stokwerk trift man auf der
kleinen Mauer acht Blumengefäße an, die von
den benachbarten Javanischen Königen dem Grabmal geschenkt worden sind. Auf dem Boden stehen schöne Bäume, und drei artig gebaute Indianische Wohnungen, zur Bequemlichkeit der
Fürsten, welche an diesen Ort kommen, um ihr
Opfer zu überbringen.

Zu dem dritten Stokwerk kommt man auf
vier Stufen durch einen kleinen Verschlag und
ein artiges Thor, wo man auch eine kleine Mauer
antrift.

Bis in dieses Stokwerk, aber nicht weiter,
werden die Holländer und andere Christen gelassen.

Man

Man sagt, daß ehemals ein holländischer
Oberbefehlshaber der östlichen Küste von Java
mit verschiedenen seiner Offiziere mit Gewalt bis
an die oberste Abtheilung des Grabmals gestie-
gen sei. Die meisten büßten aber ihre Kühnheit
mit dem Tod, indem sie nicht lange hernach starben; wahrscheinlicher Weise an Gift, welches ihnen die Javanischen Priester auf eine unmerkliche
Art beibrachten.

Auf das vierte Stokwerk (welches man noch
so ziemlich aus dem dritten beobachten kann)
steigen diejenigen, welche ihr Opfer darbringen.
Diese Abtheilung ist mit einem sehr artig gebau-
ten Tempel geziert, in welchem die Javanischen
Fürsten jährlich zwei bis dreimal ihre feierlichen
Opfer verrichten. Dieses Gebäude ist überaus
schön, auch findet man hier verschiedene Bäume,
die einen angenehmen Schatten darbieten.

Das fünfte und lezte Stokwerk läßt sich aus
der vorher angeführten Ursache nicht zuverläßig
beschreiben.

Man beobachtet aus der Ferne, daß es das
kleinste von allen ist, und mit seiner hintern ey-
förmigen Seite an die Spizze des Felsen stößt.
Hier findet man das Grab selbst, welches auf
sehr verschiedene Art beschrieben wird. Nur so

C 3   viel

viel läßt sich mit Gewißheit sagen, daß es ein schönes hohes mit einer gewölbten Dekke, die stark vergoldet seyn soll, versehenes Grabmal sei. Die Höhe dieses Grabmals ist ansehnlich, und seine Bauart sonderbar, da alle die fünf schon beschriebene Abtheilungen in den Berg eingehauen sind.

Nicht weit davon stehen etliche Häuser von Mahomedanischen Priestern, welche die Aufsicht über das Grabmal haben.

Ohne von zwei oder drei von diesen Priestern begleitet zu werden, kann nicht leicht ein Reisender dieses Grabmal beschauen. Dieses thun sie aus Hoffnung einer Belohnung, und um die Fremden abzuhalten, die obere Abtheilungen desselben zu betrachten. Diese Reise ist auch sehr beschwerlich wegen der Menge der Bettler, die sich in dieser Gegend in sehr großer Anzahl aufhalten, und blos allein von dem Allmosen der Reisenden leben.

Das gewöhnliche Allmosen, das man ihnen giebt, besteht in Pitis, wovon zehen einen holländischen Stüber ausmachen.

Ueberhaupt ist es sehr Schade, daß dieses schöne und alte Kunstwerk immer mehr und mehr verfällt, weil man keine Kosten zu Erhaltung
desselb-

desselben anwendet. In dem Grabe selbst liegt niemand als der Heilige. Denn obschon verschiedene Fürsten und Fürstinnen von Tscheribon auch Verlangen getragen haben, einstens hier begraben zu werden; so haben sie es doch nie hiezu bringen können.

Unmittelbar an das Königreich Tscheribon stößt das Reich Mataram, welches dem Kaiser von Java zugehört. Die südliche Seite dieser Landschaft ist meist eben und sandigt. Gleich an der westlichen Gränze des Landes ist ein eyförmiger Meerbusen, und vor demselben eine länglichte Insel, so daß das Seewasser nur durch zwei enge Kanäle einen Zugang erhält. Auf der östlichen Seite ist eine ähnliche See, welche nur durch einen engen Kanal mit dem Meer verbunden ist.

Auf der nördlichen Seite gleich an der Gränze von Tscheribon liegt die Stadt Tagal am Fuße eines hohen Berges. Sie ist eine der ersten Seestädte von Java und enthält über acht tausend Familien in sich. Die Holländer haben hier eine kleine Vestung angelegt, worinn sich ein Oberkaufmann, der für den Reishandel Sorge trägt, aufhält. Weiter gegen Osten zu findet man die Stadt Samarang, die wegen ihrer angenehmen Lage von dem Ober-Befehlshaber der nördlichen

C 4

Java

Javanischen Küste zu seinem Hauptsiz erwählt
worden; auch die Komtoire der holländischen
Handluugs-Gesellschaft befinden sich hier.

Dieser Ort, ob er gleich uur ein offener Flek=
ken ist, verdient dennoch wegen seiner ansehnli=
chen Größe, eine Stadt genannt zu werden. Ihr
Umfang beträgt eine Meile, und die Zahl der
Einwohner beläuft sich auf zwei tausend Fami=
lien, die sich meistens von der Fischerei, dem
Reis=Bau und von dem Holz, das sie aus ihren
Wäldern holen, ernähren. Aus dieser Ursache
ist auch ein ansehnlicher Markt hier. Außer den
gewöhnlichen Häusern der Indianer sind auch
verschiedene steinerne Gebäude hier, welche den
Kaufleuten und den Vornehmen gehören.

Unter denselben ist eines der größten die Woh=
nung des Landvogts, welcher einer der vornehm=
sten Fürsten dieses Reichs ist. Der holländische
Ober=Befehlshaber hat seine Wohnung in der
Mitte der Vestung. Diese Vestung ist von Holz
und ist größer als die Citadelle von Batavia.
Sie besteht aus fünf gut angelegten Basteien,
die insgesammt mit hinlänglichem Geschüz und
einer ziemlich starken Besazzung versehen sind.

Noch weiter gegen Osten liegt die große Stadt
Japara, die so wie Samarang durch einen Land=
vogt regiert wird.

An

An der Seeseite ist sie mit einer steinernen
Mauer umgeben, auf der Landseite aber ist sie
ganz offen.

Die Chineser, die sich in großer Anzahl hier
aufhalten, haben einen artigen Tempel, und ei=
ne eigene Straße. Der große Handel, den sie
treiben, hat hier einen sehr blühenden Markt ver=
anlaßt, auf welchem alles für einen geringen
Preis zu haben ist. So kauft man hier ein
Huhn für einen Stüber, eine Gans für einen
Schilling, und eine Kuh für zwei bis drei Reichs=
thaler.

Es hält sich auch ein Aufseher über den Reis=
Handel hier auf, der in einem vesten steinernen
Hause wohnt, fünf und zwanzig Mann Wache
liegen, und woselbst auch die Waaren verwahrt
sind.

Nicht weit von Japara liegt an dem Stran=
de die Handels=Stadt Joudana. Sie ist ein
offener Ort, der in einer sehr angenehmen Ge=
gend liegt, und soll gegen vierzig tausend Ein=
wohner enthalten.

Das Innere des Landes ist durchgängig voll
steiler Berge, auf welchen vielerlei Flüße entste=
hen, die wiederum sehr fruchtbare und gut an=
gebaute Thäler verschaffen.

Man

Man hat keine beßere Gelegenheit die innere
Beschaffenheit dieser Gegend kennen zu lernen,
als die Reise mit den Gesandten der Kompagnie,
die von Samarang nach Mataram geschikt wer=
den. Diese werden allemal von Samarang durch
eine große Gesellschaft Javaner abgeholt, die der
Kaiser dahin abschikt; diese führen sie auf einer
Straße, die mit vielerlei Krümmungen und Um=
wegen fortläuft nach Mataram.

Diese Reise, die gegen acht Tage erfodert,
ist unstreitig eine der schönsten. Die ganze Ge=
gend ist mit unzähligen Dörfern wie übersäet;
sogar die Berge, deren man etliche überaus hohe
antrifft, sind voll derselben.

Diese reizende Abwechslung, bald hohe Ber=
ge, die ganz bewohnt, und bis an den Gipfel
mit Reis, Zukkerrohr und allerhand Frucht=Bäu=
men bepflanzt sind, bald wieder kühle Thäler
von angenehmen Bächen bewässert, bald unab=
sehbare Ebenen voll Dörfer und Reis=Felder bie=
ten dem Auge eines Reisenden die angenehmste
Aussicht dar.

Obgleich die Bevölkerung dieser Gegend auf=
serordentlich stark ist, da man fast jede 1/4 Meile
auf ein Dorf stößt; so ist doch an Lebensmitteln
noch Ueberfluß, weil die Gegend ausnehmend frucht=
bar ist.

Son=

Sonderbar ist es, daß man auf dieser Reise verschiedene Dörfer antrift, deren Einwohner verbunden sind, alle diejenigen, die von Samarang zu dem Kaiser reisen, mit Speise und Trank zu versorgen, ohne das geringste dafür zu fodern, welches ihnen bei Lebens = Strafe verboten ist; hingegen sind sie dafür von allen Abgaben befreit.

Auf dieser Straße kömmt man an drei verschiedene Thore, die mit zahlreichen Wachen und einem Offizier versehen sind.

Diese Offiziere müßen genau Achtung geben auf die Reisenden, und niemand weder nach der einen noch nach der andern Seite zu durchlaßen, der nicht durch einen offenen Brief des Kaisers die Erlaubnis zu dieser Reise erhalten hat, und auch alsdann noch müßen sich die Reisenden scharf besichtigen laßen.

Etliche Meilen gegen Norden vor Mataram liegt die große Stadt Kartaßera de Ningrat, welche gegen dreißig tausend Familien in sich hält, und gegenwärtig die Residenz des Kaisers von Java ist.

Diese Stadt ist ein offener Ort und enthält wenig merkwürdiges, ausgenommen einige Palläste, worunter vorzüglich das Kaiserliche Schloß

zu

zu bemerken ist, in welchem außer der Javanischen, sowohl männlichen als weiblichen, Leibwache
auch eine von Europäischen Soldaten unter dem
Kommando eines holländischen Offiziers sich befindet. Diese Palläste einiger Großen dieses Landes
sind ebenfalls sehr schön, allein das übrige der
Stadt besteht aus niedrigen Bambus-Hütten.

Der Kaiser hat hier einen sehr großen Thiergarten, worinnen Tiger, Löwen und allerhand
ausländische Thiere aufbewahrt werden. Dieser
Thiergarten ist hin und wieder mit kleinen Gebäuden versehen, aus denen der Kaiser in Gesellschaft seiner Beischläferinnen die Gefechte der
wilden Thiere anzusehen pflegt.

Neben diesem Garten ist eine sehr große Rennbahn, auf welcher alle Mondtage von den Großen
des Landes und dem Kaiser selbst Lustgefechte mit
der Lanze gehalten werden, wobei einer den andern aus dem Sattel zu heben oder niederzuren-
nen sucht.

Der ganze Weg von dieser Stadt bis vollends
nach Mataram ist auf beiden Seiten mit Zäu-
nen und hölzernen Thoren besezt, so daß niemand
sich von demselben entfernen kann, ausgenommen
hier und da seitwärts, durch das Gebirg, welches sich aber nicht ohne große Lebens-Gefahr
thun läßt.

Mata-

Mataram war die gewöhnliche Residenz des
Kaisers von Java, sie ist auch itzt noch die vornehmste und größte Stadt des ganzen Landes.
Sie nimmt einen ansehnlichen Raum ein: denn
sie besteht aus zwei Hauptstraßen, die zwei Meilen lang sind, und von verschiedenen Quer-Straf-
sen durchschnitten werden. Die Stadt wird von
einer steinernen Mauer beschüzt, die anfänglich
oben acht, und unten zwölf Fuß dik war; allein
seit den heftigen Kriegen, in welchen der Kaiser
die Residenz nach Kartasoera verlegte, ist sie an
etlichen Orten eingefallen, und nicht wieder hergestellt worden. Die Zahl der Einwohner von
Mataram beläuft sich über 250,000.

Am Ende der einen dieser zwo langen Straf-
sen befindet sich das Kaiserliche Schloß, welches
größtentheils von Stein erbauet, und ein sehr
schönes und weitläufiges Gebäude ist. Er wurde
beständig von den Kaisern bewohnt bis zu dem
Jahr 1677, in welchem der damalige Kaiser
Tagelwangi durch Tarama Diaja, aus seinem
Pallaste vertrieben, und seine Residenz nach Kartasoera zu verlegen genöthigt wurde.

Nahe bei dem Kaiserlichen Schloß ist eine
große Rennbahn nebst einer Menge kleiner Palläs-
ste, die von vornehmen Javanern erbauet worden sind.

Auch

Auch hier findet man einen schönen Thiergarten, worinnen auf des Kaisers Kosten viele tausend wilde Thiere unterhalten werden.

Außer den bereits genannten Oertern giebt es noch viele andere wichtige Städte und Flekken in dem Mataramischen Gebiete, die aber von geringer Erheblichkeit sind, und auch sehr selten von Europäern besucht werden.

Die benachbarten Provinzen sind Kodoewang, Panaraga und Madian.

Die südliche Küste dieser Gegenden ist wegen den steilen Bergen und den verborgenen Klippen unzugänglich. Die nördliche aber ist zum Anlanden sehr bequem.

Hier verdient bemerkt zu werden die See-Stadt Rembang, wo ein großer Handel mit Reis, und ein noch größerer mit Holz getrieben wird, weswegen auch die Ostindische Kompagnie hier bisweilen ihre Jachten bauen läßt. Die Stadt ist nach Javanischem Geschmak schön und hat auch einige steinerne Gebäude.

Die Ostindische Kompagnie besizt hier eine gute hölzerne Vestung, worinnen sich ein Unterkaufmann mit einer Besazzung von fünf und

zwan-

zwanzig Mann zur Beschüzzung des Handels aufhält. Auf der nämlichen Küste liegen weiter gegen Osten zu zwo wichtige Städte, Toeban und Cidajoe. Toeban stand ehemals unter einem besondern König, izt aber gehört es dem Kaiser von Java. Sie wird gegenwärtig durch einen Temanggong regiert, der hier einen schönen Pallast und eine ansehnliche Hofstatt hat.

Ehemals hatte der König hier auch einen großen Stall mit Pferden und Elephanten, welcher aber izt nicht mehr unterhalten wird. In dem Innern dieser Gegenden giebt es außer sehr vielen Dörfern auch verschiedene Städte, die unsere Aufmerksamkeit verdienen, vorzüglich Jagataga, Madian, Kadiri und Brindiak. Jagataga hat viele wichtige Gebäude und einen sehr ausgebreiteten Salzhandel. Madian liegt in Landschaft gleichen Namens, und wird von einem Fürsten regiert, der immer aus den vornehmsten Räthen des Kaisers erwählt wird. Die Stadt hat über eine Meile im Umfang und hat ihren Wohlstand vorzüglich einem vortheilhaften Holz= und Reißhandel zu verdanken.

Kadiri hat eine angenehme Lage und enthält gegen zehn tausend Familien. Diese Stadt ist eine der besten Javanischen Vestungen; und hätte
sie

sie in verschiedenen Kriegen nicht so viel gelitten, so wäre sie die schönste Stadt im ganzen Lande.

Brindjak liegt mit Kadiri an eben dem Flusse und enthält unter allen Javanischen Städten die meisten steinernen Häuser. Sie ist auch sehr stark bevölkert.

Gegen Osten zu in Ansehung der Stadt Brindjak liegen die Länder Loedaja und Poes gar, die gegen Süden an die See gränzen. Ihre Küste ist meistentheils sehr steil und felsig; nicht weit davon liegt die schon erwehnte Insel Baron. Diese Länder haben eine Menge Reis Felder, aber keine merkwürdige Städte.

Der nord-östlichen Küste von Java gegen über liegt die schöne Insel Madura. Sie ist von Osten gegen Westen zu ohngefähr zwanzig Meilen lang, und an manchen Orten drei bis sechs Meilen breit. Diese Insel ist in drei Provinzen eingetheilt: Sammannap liegt gegen Osten, Pamakassam zwischen beiden und Sampan gegen Westen; die beiden ersten dieser Provinzen stehen unter dem Schuz der ostindischen Kompagnie; die Provinz Sampan hat ihren besondern Fürsten, der sich Pananbahan von Madura nennt, und einer der ersten Vasallen des Javanischen Kaisers ist.

In

In Sampan ist zu bemerken die Stadt
Arosbaja, wo die Holländer im Jahr 1599 zu=
erst landeten, allein sehr übel aufgenommen wur=
den.   Nicht weit davon liegt Maduretta, die
vornehmste Stadt der ganzen Insel.   Sie ist
der gewöhnliche Aufenthalt des Fürsten dieser
Landschaft, hat eine artige Anzahl steinerner Ge=
bäude, und enthält gegen vierzig tausend Ein=
wohner.

Die Landschaft Pamakassam hat ihren eige=
nen Fürsten, der unter dem Schuz der ostindi=
schen Gesellschaft steht.   Die Hauptstadt dieses
Landes heißt Pamakassara.   Die Landschaft
Sammannap, deren vornehmste Stadt gleichen
Namen hat, hatte ehemals ihren eigenen unab=
hängigen Fürsten, der im Jahr 1707 durch eine
Menge Verschworener umgebracht wurde.   Ihm
folgte sein noch unmündiger Sohn unter dem
Schuz der Ostindischen Gesellschaft.

Die sämtliche Anzahl der Einwohner dieser
Insel beläuft sich bis auf hundert und fünfzig
tausend.

Auf der nördlichen Küste von Java Madura
gegen über liegt das Königreich Gressic, wel=
ches ehmals ein ansehnliches Reich war, und
mächtige Beherrscher hatte.   Auch noch heutiges
Tags ist es gut angebauet, und hat sehr viele

D   Chi=

Chinesische Einwohner, die daselbst einen großen
Handel treiben, und unter einem besondern Kapitain ihrer Nazion stehen. Eine Meile von
der Stadt Greffic liegt das Städtchen Giri,
welches wegen seinem schönen Tempel und dem
prächtigen Grab eines Sohns des Jbn Moelana auf Java berühmt ist. In der Landschaft
Sourabaja, die weiter gegen Süden liegt, ist
merkwürdig die Stadt Sourabaja.

Sie ist eine der vornehmsten im ganzen Reich
und enthält gegen fünfzig tausend Einwohner,
sie steht unter einem Temangang, der einen
prächtigen Hofstaat und eine große Menge Elephanten unterhält. Der Reis-Handel ist hier
außerordentlich stark, so daß bisweilen in einem
Jahr fünf Millionen Pfund verkauft werden.
Die ostindische Gesellschaft hat hier ihren Di-
rektor, der zugleich Kapitain einer Besazzung
von hundert Mann, die sich hier aufhalten, ist.

Der Beherrscher von Sourabaja war ehemals sehr mächtig, denn unter ihm stunden die
benachbarten Provinzen und ein Theil der südlichen Küste von Borneo. Er verlor aber nach
und nach fast alles, und wurde sogar endlich
zu einem Lehnträger des Kaisers von Java er-
niedrigt.

In

In dieser Stadt ist auch noch zu bemerken eine schöne Moschee, die die Javaner für eine der heiligsten achten. Es würde aber einem Christen schwer fallen eine richtige Beschreibung derselben zu geben, da es bei Lebens = Strafe verboten ist, hineinzugehen, ohne sich nach den strengsten Vorschriften der Mahometaner zu reinigen.

Neben diesem Tempel ist das Grab eines Javanischen Heiligen Sultan Ampil genannt, eines Sohns des Ibn Moelana. Es besteht blos aus einem Erdhaufen, der mit einer Mauer umgeben ist. Der Boden um dasselbe wird für heilig gehalten, so daß einer, der sich erkühnen würde, sein Wasser hier abzuschlagen, das Leben verwirkt hätte. Ein Christ darf es sich für eine Ehre anrechnen, wann er sich demselben nähern darf.

Die zum Dienste dieses Heiligen bestellten Priester pflegen den leichtgläubigen Reisenden allerhand Wunder = Geschichten von demselben aufzuheften.

Weiter gegen Osten liegt die Stadt Passa= rouwan, die sehr wichtig ist. Sie ist stark be= vestigt, hat fast zwo Meilen im Umfang, und fünfzig tausend Einwohner.

D 2   Das

Das Fürstenthum Balamboang ist endlich
der östliche Theil von Java. Gegen diesem Für=
stenthum aber liegt die Insel Bali oder klein
Java, die blos durch eine schmale Meer=Enge
von gros Java getrennt wird. Auf der nörd=
lichen Küste dieser Insel ist die Stadt Pana=
roekan zu bemerken.

Dieses Land, welches ohngefähr hundert und
vier und vierzig Quadratmeilen enthält, ist sehr
gut bevölkert und voller Dörfer, man rechnet
die Anzahl aller Einwohner ohngefähr auf zwei
hundert und fünfzig tausend.

Auch die Stadt Balamboang, die von ei=
nem Balischen Fürsten regiert wird, der von
dem Kaiser von Java unabhängig ist, ist wich=
tig.

Sie liegt in einer angenehmen Lage, und
faßt in einem Umfang von zwo Meilen, zehn
tausend Familien in sich. Die ganze Insel Java
enthält neun und dreißig große Städte und vier
tausend fünf hundert Dörfer, deren sämmtliche
Einwohner nach Valentius Berechnung auf ein
und dreißig Millionen geschäzt werden. Allein
in dem ersten Theile der Abhandlungen der Ba=
tavischen Gesellschaft der Künste und Wissenschaf=
ten wird diese Anzahl ganz anders bestimmt.

Ban=

Bantam ist nach dieser lezten Berechnung nicht sehr bevölkert, und das ganze Königreich soll nach derselben nicht mehr als fünf tausend Tjatjars oder Familien enthalten; wobei zu bemerken ist, daß man zu einer Familie zwo Manns=Personen, welche die Waffen tragen können, zwo Frauens=Personen und zwei Kinder rechnet. Die Summe der ganzen Bevölkerung dieses Landes würde also nur dreißig tausend Seelen betragen.

Jacatra wird auf neun und zwanzig tausend Familien, oder hundert vier und siebenzig tausend Seelen geschäzt.

Den neun Provinzen von Tseribon werden darinn fünf und zwanzig tausend Familien oder neunzig tausend Einwohner zugeschrieben.

Die an der östlichen Küste von Java liegenden Provinzen, welche unter dem Schuz der ostindischen Gesellschaft stehen, sollen nach dieser Rechnung überhaupt sechs und vierzig tausend zwei hundert Familien, oder zwei hundert sieben und siebenzig tausend und zwei hundert Personen zu Einwohnern haben.

Die Unterthanen des Kaisers von Java werden auf fünf und zwanzig tausend zwei hundert Familien oder hundert ein und funfzig tausend zwei hundert Seelen, und die Unterthanen der

D 3 übri=

übrigen Provinzen auf zwölf tausend acht hundert Familien, oder sechs und siebenzig tausend acht hundert Personen gerechnet. Welches alles zusammen kaum sechs hundert sieben und vierzig tausend und acht hundert Personen ausmachen wird.

Wir haben zwar auf der einen Seite keine hinlängliche Ursache an der Genauigkeit der vorhin genannten gelehrten Gesellschaft zu zweifeln; allein auf der andern Seite ist es auch bekannt, daß Valentyn die Länder so beschreibt, wie sie in dem Jahr 1723 beschaffen waren; daß er alles auf das sorgfältigste untersucht, überall einen freien Zutritt gehabt, und selbst verschiedene Reisen in die innern Gegenden dieser Länder gethan hat. Man würde auch schwerlich behaupten können, daß die Bevölkerung der Insel Java in dieser kurzen Zwischenzeit von 1723 bis 1779 auf eine so erstaunenswürdige Art verringert worden sey, da es bekannt ist, daß ausser dem mit vielen Mordthaten verbundenen Aufruhr, welcher im Jahr 1740 von den in Batavia wohnenden Chinesern erregt wurde, sich sehr wenige beträchtliche Unglücksfälle zugetragen haben.

III.

5 5

III.

Probe
von der Titulatur
des Sultans von Menangkabo,
auf der Insel Sumatra.

(Aus Marsden.)

Uebersezzung eines Patents.

Drei runde Siegel mit
folgenden Aufschriften in
Arabischen Buchstaben.

(Der älteste Bruder)   (Zweiter Bruder)
Sultan von Rom.   Sultan von China.
Key Dumuhl Allum.   Nuhr Allum.
Maharaja Alliff.   Maharaja Dempeng.
(Jüngster Bruder)
Sultan von Menangkabow.
Nuhr Allum
Maharaja de Raja, a)

D 4   Der

a) Nuhr Allum ist der Geburtsname, Maharaja de Raja aber der Zuname.

Der Sultan von Menangkabow, deſſen Reſidenz Paggarudſchung iſt, welcher (nach gebetener Erlaubniß ſeinen Nahmen nennen zu dürfen) König aller Könige und Sohn des Raja Izurderzulkar-Nainny iſt, und Munkute beſaß, welches von den Propheten Adam iſt vom Himmel gebracht worden; Herr des dritten Theiles des Waldes Makummat, deſſen Eigenſchaften unter andern darinn beſtehen, daß er Holz zum Fliegen enthält; Herr der mit dem Barte des Dſchandſchich, aus dem Pallaſte der Stadt Rom gezierten Lanze, deren Feſte in dem Monate Dul-Hadſchih gefeiert werden, wo alle Alims, Pükkiahs, (Fakirs,) und Mulanokarrihs Gott loben und bitten; Herr des Goldes von zwölf Körnern, genannt Kudarot Kudarattih, welches einem Menſchen gleicht, welcher ſeine Schazzungen in Gold nach dem Feßang (Scheffel) empfängt; deſſen Betel-Gefäß von Gold mit Diamanten beſezt iſt; welcher Beſizzer iſt des Schwertes, genannt Kurihſe-Mendang-Dſchirih, welches hundert und neunzig Scharten hat, die es in dem Gefechte mit dem Erzteufel Se-Kattih-Muno erhielt, den es erlegte; welcher Herr iſt des friſchen Waſſers im Ozean, ſo weit ein Schiff in einem Tage ſegeln kann; Beſizzer einer Lanze aus einem Zweige des Joodſchu gemacht; eines Kalewang,

wel-

welches in einem ungemachten Chinday gewik-
kelt ist; eines aus der Seele des Stahles verfertigten Dolches, welcher durch sein Geräusch
seinen Widerwillen ausdrukt, wenn er in die
Scheide gestekt wird und sein Vergnügen ver-
räth, wenn er gezogen wird; Herr einer Dat-
tel, die so alt als die Schöpfung; Besizzer eines
von dem Himmel gebrachten Feuergewehres, Namens Subahanahuuatanatla; eines Pferdes
von dem Geschlechte Sorimboranih, welches
alle andere übertrift; Sultan des brennenden
Berges und der Berge Guntang-Guntang,
welche Palembang und Dschambih scheiden;
welcher nach seinem Gefallen tödten kann, ohne
eines Verbrechens schuldig zu seyn; Besizzer
des Elephanten Settih Dewa, Statthalter des
Himmels, Sultan des güldenen Flußes, und
Herr der Luft und der Wolken; Herr eines
Balli, deßen Pfeiler von der Staude Dschelat-
tang sind, der Gandangs (Trommeln) welche
aus den heiligen Zweigen der kleinen Stauden
Pulut und Silosurih verfertiget sind, der Gong,
welche bis zum Himmel tönet, des Büffels Se
Binnuang Sattih, deßen Hörner zehen Fuß von
einander stehen, des unbesiegten Hahnes Sen-
gunannih, des Cocosbaumes, deßen erstaunli-
che Höhe, und die Schlangen und anderes schäd-
liches Gewürm, womit er besezt ist, ihn zu be-

D 5   steigen

steigen unmöglich machen, der Blume Sirih Mendschirih von himmlischem Geruche; der, wenn er sich schlafen legt, nicht eher erwachet, als bis der Gandang Nolet ertönet; deßen eines Auge wie die Sonne, und das andere wie der Mond ist — erkläret seinen Unterthanen diesen seinen Willen u. s. f. b)

Folgender Brief des Sultans von Menangcabow, an den Vater des gegenwärtigen Sultan von Moco=Moco, welcher vor ungefähr fünfzig Jahren geschrieben ist, ist mir von dem Herrn Alex Dalrumple mitgetheilet worden. Die Schreibart ist hier weit vernünftiger als in dem vorigen.

Gelobt sei der Allmächtige Gott! — Sultan Gaggar Allum, der große und edle König, deßen weite Macht bis an die Gränzen des Ozeans reicht, dem Gott giebt, was er sich wünschet, und über welchen kein böser Geist und der

b) Daß Se Majestät von Menangcabow in ihren vollständigen Titeln alle ihre Meublen und Geräthschaften bis auf den Kampfhahn erzählet; ist denn im Grunde wohl nicht sonderbarer, als wenn unsere Europäische Monarchen in denselben alle ihre kleinen Graf= und Herrschaften mit aufzählen, wovon sie einen großen Theil nicht einmal mehr besizzen.

der Satan selbst keine Gewalt hat, welcher die
Macht hat, die Uebelthäter zu bestrafen, und
das zärtlichste Herz besizzet, die Unschuldigen
zu beschuzzen, in dessen Gemüth kein Arges ist,
sondern welcher die Rechtschaffenheit mit der
größten Ehrfurcht bewahret, die Armen und
Nothleidenden nähret, und sie täglich von seiner
Tafel speiset. Seine Gewalt reichet über die
ganze Welt, und seine Güte und Rechtschaffenheit ist allen Menschen bekannt. — (Hier ward
der drei Brüder Meldung gethan) Der Gesand-
te Gottes und seines Propheten Mahomed, der
Gelobte unter allen Menschen und Beherrscher
der Insel Percho. Als Gott die Himmel, die
Erde, die Sonne und den Mond machte, und
ehe noch die bösen Geister erschaffen wurden,
hatte dieser Sultan Gaggar Allum seine Wohnung in den Wolken; aber als die Welt wohn-
bar ward, gab Gott ihm einen Vogel, Namens
Hociner, der die Gabe der Sprache hatte; diesen schikte er nieder auf die Erde, sich nach einem Ort umzusehen, wo er sein Reich aufschla-
gen könnte, und der erste Ort, auf welchem er
sich niederließ, war die fruchtbare Insel Lan-
capore zwischen Palunban und Dschambih, und
daraus entstand das berühmte Königreich Me-
nancabu, welches gepriesen, und mächtig seyn
wird, bis an den Tag des Gerichts. —

Die-

Dieser Maha Raja Durdscha ist gesegnet mit einem langen Leben und einer ununterbrochenen Glükseligkeit, welche er in dem Namen und durch die Gnade des heiligen Propheten behalten wird, damit Gottes heiliger Wille auf der Erde erfüllet werde. Er ist ausgerüstet mit den größten Gaben, und mit der tiefsten Weisheit und Klugheit, so viele ihm zinsbare Könige und Unterthanen zu regieren. Er ist rechtschaffen und gnädig und behauptet die Ehre und den Ruhm seiner Vorfahren. Seine Gerechtigkeit und Gnade werden in den entferntesten Ländern empfunden und sein Name wird bis zum lezten verehret werden. Wenn er seinen Mund öffnet, so ist er voll Güte, und seine Worte sind so angenehm, als Rosenwasser dem Durstigen. Sein Athem ist wie der sanfte Wind des Himmels (Janatekul Ferduhrs,) und seine Lippen sind das Werkzeug der Wahrheit, von welchen Gerüchte ausgehen, die süßer sind, als Benzoe und Myrrhen. Seine Nasenlöcher duften Ambra und Moschus, und seine Gesichtsfarbe hat den Glanz der Diamanten. Er ist schröklich in Schlachten und unüberwindlich, sein Muth und seine Tapferkeit haben nicht ihres gleichen. Er, der Sultan Mahi Raja Durja, ist mit einer heiligen Krone von Gott gekrönt, und besizt mit den Kaisern von Rom und China das Holz

Na=

Namens Ramat. Er ist der Sultan, welcher den Zeug Sansista Rallah besizzet, der sich selbst webet, und jährlich einen Faden von seinen Perlen hinzuthut, und wann dieser Zeug fertig seyn wird, so wird die Welt nicht mehr seyn. Er besizt ferner den Baum Negataruna und eine Art Gold Namens Dschatta Dschattih, welches so schwer ist, daß ein kleines Stük das Datta-Holz zerbricht. Dies ist der Sultan, welcher das Schwerdt Se Mendang Dscherei besizzet, welches ein hundert und neunzig weite Scharten auf dem Schlachtfelde erhalten hat, und womit der Geist Rattih Muno getödtet worden. Der bekannte Dolch Zangin Singa ist gleichfalls sein, welcher auf seinen Befehl von selbst ficht, und womit er schon viele Nazionen bezwungen hat. Er besizzet die Lanze Lambing Lambura, deren Blat, Namens Segar, ihm von einem Einwohner der See gegeben worden. Er hat ferner Pferde von unendlicher Stärke und Tapferkeit, und Berge vom freiwilligen Feuer. Dies ist der Sultan, welcher die Blume Champaka besizt, welche blau ist, und in keinem andern Lande als in dem seinigen wächset, (indem sie anderwärts gelb ist). Er besizt die Staude Sera Mandscherih und die rothe Arver Priendue, zu welcher die Vögel aus allen Ländern zur Zeit ihres Todes kommen.

men. Er hat auch Trommeln aus dem Baume
Silagurih, und ein anderes ähnliches Instru=
ment aus dem Holze Puluht=Puluht, welche
ihren Schall, wenn sie gerühret werden, durch
sein ganzes Reich schikken. Er besizt ein Be=
char=Haus, welches aus dem heiligen Holze
Dschilatang gebauet ist. Er besizt ferner ei=
nen aus Gras gewirkten Teppich, und ein Stük
Gold in der Gestalt eines Menschen, welches
ihm von einem Gott der Wälder gegeben wor=
den.

Nach diesem Gruße und Verzeichniß meiner
Größe und Macht, welche ich von dem guten
und heiligen Propheten Mahomed empfangen
habe, melde ich dir die Befehle des Sultans;
deßen Gegenwart allen denen den Tod bringt,
welche sich ihm ohne seine Erlaubniß nahen,
und zugleich des Sultans von Indrapore, wel=
cher vier Brüste hat. Dieses freundschaftliche
Blat Papier wird von den beiden oben genann=
ten Sultans durch ihre Vögel Ongas ihrem
Sohne, dem Sultan Gondam Schah überschikt,
ihm ihren Willen unter diesem großen Siegel
bekannt zu machen, welcher darinn bestehet,
daß sie ihrem Sohne Sultan Gondam Schah
befehlen, die Englische Kompagnie zu bewegen,
daß sie sich in dem Bezirke Biangnur an einem

Orte

Orte, genannt das Schaffeld, niederlaßen, damit sie durch die mehrmalige abschlägige Antwort unserer Güte nicht beschämt werde, sondern mit uns und unsern Unterthanen handeln
möge. Wenn er aber diese Sache nicht zu
Stande bringen kann, so melden wir ihm durch
gegenwärtiges, daß die Bande der Freundschaft
zwischen uns und unserm Sohne zerrissen sind.
Wir befehlen ihm auch, daß er uns sogleich
Antwort ertheile, damit wir unsre Maasregeln
darnach nehmen können, denn diese ganze Insel
gehört uns.

Vermuthlich hat keine Geschichte in der Welt
Beispiele eines größern Unsinnes aufzuweisen;
und doch glauben die Malaien, welche in weniger Entfernung von seinen Staaten wohnen,
und mehr Glauben als Verstand besizzen, alle
diese Vorzüge als unläugbar und sezzen wohl
noch hinzu, daß er in einem Pallaste ohne Dach
wohne, und doch von der Witterung nichts leide.

Die dem ersten Befehle außer seinem eigenen
noch vorgesezten Siegel, sind die des Sultans
von Rom oder des türkischen Kaisers, indem
das römische Reich nach Konstantinopel versezt
worden, welcher seit dem Untergange der Kali-
phen als das Haupt der mohamedanischen Religion

ligion betrachtet wird, und welchen er mit dem Titel seines ältesten Bruders beehret, und des Sultans von China, welches Reich in ganz Ostindien bekannt ist, und von den Malaien Negrih Dschino genannt wird, welchen er seinen zweiten Bruder nennt; und sich sehr bescheiden nur für den jüngsten hält. Hieraus erhellet zugleich, was für einen Begriff diese Monarchen von ihrer Wichtigkeit haben, und wie weit ihre geographischen und historischen Kenntnisse reichen.

V.

V.

Beschreibung

der

Philippinischen Inseln.

(Nach verschiedenen neuern Schriftstellern.)

Der Archipel der Philippinischen Inseln besteht aus 14. Hauptinseln; sie erstrekken sich
von 10 bis zum 20 Grad nördlicher Breite in
die Länge; ihre Breite ist sehr ungleich: An der
nördlichen Spizze von Lußon kann man 40 Meilen annehmen; sie erweitert sich aber dergestalt,
daß die südöstliche Spizze von Mindanao, und
die südwestliche von Paragoa auf 200 Meilen
von einander liegen. Sie sind alle stark bevölkert, man rechnet *) die Zahl ihrer Einwohner
auf 3 Millionen.

Diese

---

*) Die Anzahl der Einwohner von Lußon rechnet man
auf 10,000. s. Pages Reisen um die Welt. Tom I.
p. 141.

E

Diese Inseln sind alle gleich fruchtbar und
reich an vorzüglichen Naturprodukten. Ihre
Regierung ist in 27 Provinzen eingetheilt, welche durch Alkaden regiert werden, die alle unter dem Statthalter und Generalkapitän stehen.
Obgleich mehr als 200 Jahre verstrichen sind,
seit dem die Spanier sich auf diesen Inseln nie-
dergelaßen; so haben sie sich doch bißher noch
nicht von allen bemeistern können. — Sie haben keine Niederlaßung auf Paragoa **) die
gegen

**) Diese Insel, so wie auch Mindanao, sind von
Muhammedanischen Indianern bewohnt, die unter der Herrschaft der kleinern Fürsten der Inseln
Holo und Borneo stehen. Sie beschießen den Archipel der Philippinen mit einer Art von Fahrzeugen, wie die, die auf den Marianischen Inseln gebräuchlich sind. Sie befinden sich in großer
Anzahl auf demselben, und machen ein Handwerk
daraus, die Pirogen der Indianer, so unter Spanischer Herrschaft sind, wegzunehmen; sie sind
sehr tapfer, oft landen sie, und nehmen Indianer
fast von den Thoren von Manilla weg. Sie verkaufen sie als Sklaven auf Borneo. Man hat
hier zu Lande eine Art Sturmglocken, fast wie
sie auf den Spanischen Küsten gewöhnlich sind,
um damit Zeichen der Annäherung der feindlichen
Fahrzeuge zu geben.
S. Pages Reise um die Welt Tom. I. p. 127.
und 147.

gegen 80 Meilen lang ist, noch auf den dabei
liegenden kleineren Inseln; auf der großen Insel
Mindanao, die gegen 200 Meilen im Umfang
hat, besizzen sie nur etliche wenige Stük Landes. Lußon ist die größte der Philippinen, denn
sie faßt 140 Meilen in der Länge, und ohngefähr 40 in der Breite; hier ist die vornehmste
Niederlaßung der Spanier Manilla. Es ist
das Haupt der übrigen Niederlaßungen und der
Siz des Generalstatthalters aller dieser Inseln.
Der Haven dieser Insel heißt L'awitte, er liegt
in einer Bay, die Bay von Manilla genannt
wird, sie ist beinahe rund, hat überall ohngefähr eine Tiefe von 7 Meilen, und im Umfang
von einer Spizze zur andern zwanzig Meilen.

In der Mitte der Bay liegt die Insel Ma-
riwelles, die etliche Meilen im Umfang hat;
diese Insel verursacht eine doppelte Einfahrt,
von der die südliche die breiteste, und sicherste
ist. Die Spanier halten auf der Insel Mari-
welles einen Posten von etlichen Indianern, um
Acht zu geben, ob sie Schiffe entdekken können,
die in die Bay einzulauffen suchen; so bald sie
eines gewahr werden, stekken sie eine Flagge
auf, thun einen Schuß, und einige sezzen nach
Kawitte und Manilla über, um Nachricht davon zu geben.

Der

Der Haven von Kawitte liegt auf der Süd-
ostseite der Bay, und hat die Gestalt eines
Hufeisens, zwölf Schiffe haben ganz bequem
darinnen Raum, und liegen in einem Schlamm-
grunde sicher. Zu seiner Vertheidigung ist eine
Batterie und ein kleines Fort angelegt. — Die
Spanier halten hier einen Stab unter dem Befehle eines Kommandanten, der den Titel eines
Kastillano führt, einen Obersten, Obristlieute-
nant, Aufseher der Artillerie und 300 Mann
Besazzung. Sie haben auch ein großes Arse-
nal, das mit Mauern umgeben ist, Magazine,
und Schiffwerke hier. Auf einer Erdzunge, die
den Haven von der Südwestseite herumschließt,
ist ein großes Dorf, das von Indianischen See-
leuten und Arbeitern von aller Art zum Schiffbau, bewohnt ist. Es hat ohngefähr 1000 Einwohner und drei Kirchen.

Manilla selbst ist noch 7 französische Meilen
vom Hafen entfernet und liegt in der Mitte
der Ostseite der Bay gegenüber.

Manilla ist eine der schönsten Städte, die
die Europäer in Ostindien gebaut haben. Sie
ist das Haupt aller Niederlaßungen auf den
Philippinen. Alle Häuser sind von Stein und
mit Ziegeln bedekt, sie sind gros, bequem und
lustig. Die Privathäuser sowohl als öffentliche
Ge-

Gebäude haben über dem Bodengeschoß noch ein Stokwerk. Die Spanier wohnten um der Feuchtigkeit willen, nie im Bodengeschoß, sondern im ersten Stokke; die gewaltige Hizze hat Gelegenheit gegeben, lauter große Zimmer zu bauen, und Gallerien rings um die Häuser außerhalb der Gebäude anzulegen, damit die Sonne von den Zimmern abgehalten wird. Die Fenster machen einen Theil der Gallerien aus, die Zimmer bekamen kein anderes Licht, als durch die Thüren, die auf die Gallerieen hinaus gehen. Das Bodengeschoß dient zu Magazinen. — Um die Feuchtigkeit abzuhalten, wird der Fußboden einen Schuh hoch mit Holzkohlen erhöhet, auf diese Schicht wird eine andere von Sand oder feinem Kies gestreut, und endlich ein Pflaster von Steinen oder Ziegelblatten in Kalk darüber gelegt.

Die Stadt hat breite, gerade Gaßen. Fünf Hauptgaßen zertheilen sie ihrer Länge nach, und zehen andere durchschneiden sie in die Breite.

Die Stadt formiert ein längliches Vierek, und ist mit Mauern und Gräben umgeben. Auf der Flußseite wird sie von einer Zitadelle vertheidigt, die aber nicht viel taugt, und die man abtragen wird. An jeder der Vierekke der Mauern ist eine Bastey.

E 3 Man

Man zählt acht Hauptkirchen in Manilla, sie sind gros, schön, und reich verziert. Die Kathedralkirche würde auch in einer Hauptstadt von Europa für schön gehalten werden, ihre Säulen, Altäre, Fußbbden und Stufen sind von dem prächtigsten Marmor, der im Land gebrochen wird. Auf der einen Seite giebt ihr der Pallast des Statthalters, auf der andern aber das schöne Rathhaus eine prächtige Zierde. Es sind weitläufige Kasernen, die für 8000. Mann Raum haben, erst kürzlich hier aufgeführt worden.

Manilla liegt an der Mündung eines schönen Flußes gleiches Namens, der aus einem fünf Meilen einwärts im Lande gelegenen See kömmt, der von den Spaniern Lagonne de Bay genannt wird. Vierzig kleinere Flüße fallen in diesen See, der zwanzig Meilen im Umfange hat, und an dem man eben so viel Dörfer als Mündungen von Flüßen, die in ihn fallen, zählt. Er hat seinen Abfluß blos durch den Fluß Manilla, welcher beständig mit Fahrzeugen bedekt ist, die der Stadt Lebensmittel zuführen, womit die vierzig indianischen Dörfer sie versorgen.

Eben

Eben dieser Fluß trennt die Stadt von den
Vorstädten, *) die größer und volkreicher als
die Stadt selbst sind. Die zwei Vorstädte Mi-
nondo und die zum heil. Kreuz machen den volk-
reichesten Theil der Stadt aus. Sie sind fast
ganz allein von fremden und spanischen Kaufleuten, Chinesischen und Indianischen **) Hand-
werkern bewohnt. Diese Gegenden sind die angenehmsten Wohnungen der ganzen Stadt; denn
E 4 die

*) Die Häuser der Vorstädte gehen meist in den
Fluß, welches sich leicht machen läßt, da derselbe
nicht reißend ist; die Indianer unterstüzzen den
Theil ihrer Häuser, der über dem Fluß ist, mit
leichten Pfeilern von Bamba. f. Pages Reisen um
die Welt Tom. I. S. 154.

**) Die Indianer dieser Inseln übertrafen noch ehe
sie mit den Spaniern bekannt wurden, die übrigen Bewohner dieser Gegend weit an Zivilisirung.
Sie verfertigten sehr artige Züge aus den Fäden
des Abaca, sie verstunden den Schiffbau und die
dazu nöthigen Künste ziemlich, ja sie schrieben
sogar mit einer Art von Griffel auf die Blätter
des Kolosbaums, f. Pages Reisen um die Welt.
Tom. I. S. 138. Es werden sogar oft zu Cia-
witte Linienschiffe gebaut, die freilich nicht die
Genauigkeit und Feinheit der unsrigen haben,
sonst aber ohne Fehler und ziemlich stark sind.
Ebendaselbst Tom. I. p. 167.

die Häuser sind längst den Ufern des Flußes
gebaut, welcher ihnen viele Bequemlichkeiten
und einer schönen Aussicht auf derselben darbiet.
Bei allen diesen Vortheilen ist der Plaz der
Stadt doch schlecht gewählt. Sie liegt zwischen
zweien feuerspeienden Bergen, die eine Verbindung mit einander haben, beständig in Unruhe
sind, und der Stadt ohnfehlbar mit der Zeit
ihren Untergang bereiten; diese beiden Berge
fließen, der von Lagonne ed Taal und der All-
bay; wenn einer brennt, so wirft der andere
Rauch und Lava aus. Wegen den vielen Erd-
beben, die diese Vulkane verursachten, sind alle
Häuser nur ein Stok hoch gebaut, auch sucht
man, ob sie gleich von Steinen gebaut sind, ihnen dadurch noch mehr Festigkeit zu geben, daß
man sehr dikke, eiserne Stangen, die unten in
der Erde stehen, in die äußere Mauern ver-
mauert, damit man sie nicht sieht, und zwischen
diesen Säulen gehen in jedem Stokwerk starke
Balken von einer Seite zur andern, die aufs
genaueste in jene bevestigt sind, und viel zur
Vestigkeit des ganzen Gebäudes beitragen.

Indeßen, bis vielleicht dereinst einige Er-
schütterungen dieser Vulkane das Schiksal von
Manilla entscheiden, bleibt sie die Hauptstadt
aller spanischen Niederlaßungen auf den Philippinen.

lippinen. — Hier hat der Statthalter seinen
Siz, der den Titel eines Präsidenten des Kö=
niglichen Raths führt, dieser Rath ist das höch=
ste Gericht dieser Inseln. Auch der Erzbischoff,
unter welchem die ganze Geistlichkeit der Phi=
lippinen steht, wohnt hier. — Nicht leicht ist
die Verschiedenheit der Einwohner irgend größer
als hier.

Es laßen sich 5. gänzlich von einander un=
terschiedene Arten von Einwohnern auf diesen
Inseln zählen; Spanier, Chineser, Mulatten,
eigentliche Eingeborne, von schwarzer Farbe, und
Malayen von rother Farbe. Als die Spanier
diese Insel entdekten, trafen sie nur die zwei
leztere Arten an. Die ersten, die eigentliche
Eingeborne des Landes, wohnten, wie noch heu=
tiges Tags, in den Wäldern, Bergen und im
Innern des Landes. Sie waren allzeit wild,
und die Spanier haben sie bis izt weder bezwin=
gen noch gesitteter machen können. Sie sind
sehr schwarz, haben wolligtes Haar, sind von
mittelmäßiger Statur, aber stark, und nervigt,
übrigens aber ziemlich garstig. Ihre ganze
Kleidung besteht in einem Gürtel von Baum=
rinde. Am Vorderarm tragen sie Armbänder
von Federn, auf dem Kopfe Federn, wie alle
Bewohner des Südmeers, einen Köcher mit
E 5   Pfei=

Pfeilen auf dem Rükken, und einen Bogen in
der Hand.

Die Spanier haben einige von ihnen nach
Manilla gebracht, sie scheinen erstaunt über
alles, was sie sahen. An die Stille, die in ihren Wäldern herrscht, gewöhnt, waren sie über
das geringste Geräusch unruhig, sie drehten den
Kopf unaufhörlich von der einen Seite zu der
andern, alle ihre Bewegungen verriethen die
größte Unruhe, die Spanier giengen freund-
schaftlich mit ihnen um und beschenkten sie; sie
schäzten aber ihre Freiheit höher als die schönen
Geschenke, die man ihnen gab, und kehrten
wieder in ihre Wälder zurük. Sie lebten entweder jede Familie beisammen, und machen eine eigene von den übrigen Menschen abgeson-
derte Gesellschaft aus, oder jeder Mann lebt
mit seiner Gehülfinn in den Wäldern allein, wo
sie sich unter den dichtesten Bäumen Hütten
bauen, die sie aber sehr oft wieder verlaßen.—

Die zwoote Art der eingebohrnen Einwohner
sind Malayen, diese waren die Herren des Landes, als die Spanier hieher kommen; sie be-
wohnten die Küsten und waren Kolonien, die
sich

sich vormals *) von Sumatra, Malaner, Borneo, und verschiedenen Malayischen Inseln hieher begeben hatten. Als diese Fremdlinge sich des Landes bemächtigt hatten, trieben sie die Eingeborne ins Innere desselben hinein.

Sie hatten eine Art von Polizei, einen Gottesdienst, und einige Künste unter sich.

Sie

---

*) Diese Malayen waren ehedem Muhammedaner, sie wurden von kleinen Fürsten beherrscht, die Datous hießen, und Vasallen von mächtigen Königen waren, man findet noch von ihnen auf den übrigen Philippinen, sie haben aber weiter keinen Vorzug mehr, als daß sie dem König in Spanien Tribut zahlen müssen. s. Pages Reisen um die Welt. Tom. I. p. 161.

Diese Missionarien üben nicht nur die geistliche Herrschaft über die Indianer aus, sondern auch die weltliche. Sie bestrafen die geringsten Fehler mit Streichen, alles ist ihnen unterworfen, Kinder, junge Leute, Alte, Weiber, die Indianer sind, aber so von derselben Gerechtigkeit überzeugt, daß sie sie mehr lieben als fürchten; sie sehen sie wie ihre Väter an, sie sind so überzeugt, daß sie die Strafe, die ihnen widerfährt, verdienen, daß sie auch nicht das geringste dagegen sprechen. Auch findet man selten Beispiele, daß einer den Fehler, wegen dem er schon einmal bestraft worden, wieder begangen habe.

s. Pages Reise um die Welt Tom. I. p. 130.

Sie werden von Königen regiert, die die
Spanier nach und nach vertilgt haben. Es hat
den spanischen Mißionarien geglükt, sie zum
christlichen Glauben zu bringen. Sie sind klein,
haben glatte schwarze Haare, Augen und Nase,
wie die Chineser. Sie sind von ihren Siegern
gut behandelt worden, indem sie keine Sklaven
aus ihnen gemacht haben. Sie haben ihre alte
Malayische Sprache beibehalten, und nur den
Schnitt ihres Hembs nach Europäischer Art
verändert. Ihre Kleidung besteht aus weiten
Hosen von blauer oder rother Seide, und einem weiten Hembe von Chinesischer Leinwand.
Sie bedienen sich noch ihrer alten Sprache, die
die togalische genannt wird, denn blos die Indianer in der Nachbarschaft von Manilla sprechen spanisch. Die Bewohner der übrigen Philippinen werden Bißagen und ihre Sprache, die
von der tangalischen verschieden ist, wird die
bißagische genannt.

Man sieht in Manilla sehr wenig Europä-
päische Weiber, die Spanier und Chineser suchen sich indianische Weiber aus, daher sieht
man sehr viele Mulatten hier; in der zwooten
Generazion aber sind sie so weiß, als die Spanier.

Der

Der Nuzzen, den die Spanier von diesen
Inseln ziehen, ist ziemlich groß, er besteht in
der Perlenfischerei an den Ufern dieser Inseln,
und in Goldstükken, den sie aus den Bergen
ziehen; den Nuzzen aber, den sie zu leisten im
Stande wären, ist noch viel größer. Der Ueberfluß an Reichthum und Getraide, den diese
Inseln hervorbringen, würde ihnen viel eintra-
gen, wenn sie ihn nach Batavia und andern
Orten Indiens, wo Mangel daran ist, bräch-
ten; so auch der Zukker und andere Produkten
mehr.

VI.

Von

der Insel Guam.

In dem Archipel der marianischen, ehemals Latronen oder Diebs=Inseln ist Guam die einzige, die einige Aufmerksamkeit verdient. — — Sie ist die einzige, auf der die Spanier eine Niederlaßung haben; die ihnen alle sind unterworfen. — —

Als Magellace die Insel nebst den übrigen Marianen entdekte, waren sie sehr stark bewohnt; man behauptet, daß die Zahl der Einwohner von Guam sich damals auf 20,000 und der sämmtlichen Marianischen Inseln auf 60,000 belief, die Einwohner waren sehr roh, und unbändig, und besonders sehr große Diebe, wie alle Einwohner der Insel der Süd=See; sie vertheidigten lang in grausamen Kriegen ihre Freiheit, und als sie endlich der Ueberlegenheit den spanischen Waffen weichen mußten, überließen sie sich einer Verzweiflung, von der wir fast

keine

keine Beispiele finden. Sie gaben ihren Weibern Tränke zur Abtreibung ihrer Frucht, um keine Kinder zu hinterlaßen, die der Freiheit beraubt wären. — Dieses führten sie mit solcher Hartnäkkigkeit aus, daß die Zahl von 60,000 Einwohnern des ganzen Archipels bis auf höchstens 900 herunter sank, die vor ungefähr 30 Jahren, von den Spaniern gesammelt, und alle nach Guam versezt worden, so daß sich die Anzahl ungefähr heut zu Tag auf 1500 belaufen mag. —

Was den Ursprung der eingebornen Einwohner anbelangt, so behaupten die Einwohner der philippinischen Inseln mit ziemlicher Glaubwürdigkeit, sie seien eine Kolonie von ihnen. —

Die Insel Guam hat ohngefähr 40 Meilen im Umfang. Ihr Boden steigt vom Meere an unmerklich gegen die Mitte des Landes zu, wo sie etwas bergicht ist, sie ist durchgängig gleich fruchtbar.

Bei Durchwanderung dieser Insel findet man, daß die Natur in der Anlage malerischer und reizender Szenen sehr freigebig gegen sie gewesen; alles vereinigt sich zum Vergnügen eines Menschen, der ein Freund der Einsamkeit, der kühlen Schatten, des Geruchs der Blumen, und der kristallenen Bäche ist, die aus den Felsen her-

hervorrieseln, und in Kaskaden herabfallen, wer
wollte hier beim Gesang unzähliger Vögel, im
Anblik von Kaos, Rima, Pomeranzen, Zitronen, die die Natur auf dik belaubten Bäumen
hervorbringt, Langeweile haben? — —

Diese Insel hat zween Plázze, die bequem
sind zur Landung der Schiffe, eine Rheede, die
an der Mündung eines kleinen Flußes, der durch
die vornehmste Niederlaßung der Spaniern Agana läuft, liegt in dem Haven, der auf der West-
seite liegt, und auf der einen Seite von einer
in die See gehenden Erdzunge, auf der andern
aber von einem langen Riff von Klippen geschüzt
ist. —

Die Einfahrt ist sehr schmal, sie wird von
einer Batterie aus gebrannten Ziegeln gedekt,
die mit acht alten Zwölfpfündern besezt ist; vier
Schiffe können sicher darinn liegen; es ist aber
gefährlich ohne erfahrene Lotsen einzulaufen,
weil es innwendig Klippen hat. — Die vornehmste Niederlaßung und zugleich Hauptstadt aller
Marianischen Inseln ist Agana, sie liegt vier
Meilen vom Haven an der Küste, am Fluße einiger Berge, in einer sehr angenehmen Gegend,
sie wird durch einen Bach, deßen Waßer sehr
hell ist, gewäßert. — Der Befehlshaber der Insel hat hier seinen Siz. — Die Stadt ist ziemlich

lich gros, die Straßen sind alle nach der Schnur
gezogen, und die Privathäuser meistens dauer-
haft von Holz gebaut. — Sie stehen auf einem
Rost, welcher drei Fuß über der Erde hervorragt,
die meisten sind mit Schindeln oder Ziegeln, einige aber auch mit Blättern und Palmbäumen
gedekt, die öffentliche Gebäude aber sind von Ziegeln aufgeführt. Die Kirche ist schön, und nach
spanischer Art mit Zierrathen überhäuft, das
Kloster der Jesuiten haben izt Augustiner inne,
die auch zugleich jenen in der Erziehung der Indianer nachfolgten. —

Der neue Befehlshaber der Insel (Hr. Tovias,
ein Mann, deßen Name wegen seiner edeln und
aufgeklärten Denkungsart mit dem größten Lobe
verdient erwähnt zu werden) hat unter andern
menschenfreundlichen Anstalten zum Wohl der
Indianer auch eine öffentliche Freischule für ihre
Kinder errichten laßen, darinn sie lesen, schreiben, rechnen, Religion, und etwas Vokal= und
Instrumental=Musik lernen. — Die Knaben und
die Mädchen haben jede ihre Schule besonders. —
Es sind ansehnliche Kasernen hier, darinn eine
Besazzung von 500 Mann Raum hätte, auch ein
großes Königliches Magazin. — Da Agana nach
europäischer Art bevestigt ist, so ist auch eine kleine
Besazzung hier. — Sie besteht aus einem Korps
F   von

von 200 Indianern, die auf europäische Art ein=
gerichtet sind, sie tragen Uniform, und stehen
unter dem Kommando von vier spanischen Kapi=
täns. Die übrigen Offiziers sind meistens Me=
stizen und Indianer von den Philippinischen In=
seln. — Außer dem da ihre Verrichtungen sehr
gering sind, so bauen sie einen Strich Landes an,
der unter dem Titel von Königlichen Domainen
abgesondert ist. — Der Reis und Malz, den sie
davon einärndten, wird zu ihrer Erhaltung an=
gewandt. — Außer der Stadt Agana rechnet
man noch 21 kleine Niederlaßungen der Indianer,
die sämtlich an den Küsten liegen und auf fünf
bis sechs Familien stehen. — Sie ernähren sich
von dem Getraide, das sie bauen, und dem Fisch=
fang. — Ueberhaupt ist Guam die einzige aller
Inseln des ungeheuern Südmeers, die eine nach
europäischer Art gebaute Stadt aufweisen kann.
— Was die Viehzucht auf Guam anbetrift, so
kommen alle die Heerden von Rindvieh, Schwei=
nen, Hirschen, Geflügel ꝛc. das man daselbst
findet, von dem ersten Stamm her, den die Spa=
nier hieher brachten. Gleich nach Eroberung der
Insel rißen die Spanier Stellen in den Wäldern
um, reinigten sie vom Buschwerk, und pflanzten
gutes Viehfutter hinein; die Dichte des Gehöl=
zes, von dem diese Waideplätze umgeben sind,
schützte sie gegen die brennende Mittags=Sonne;
und

und gab dem Vieh gutes und frisches Futer, und einen Schuz gegen die Hizze; dadurch ist es den Spaniern gelungen, daß etliche wenige Ochsen und Kühe, die sie auf Guam gebracht, in kurzer Zeit sich unendlich vermehrt haben, so daß sie endlich die Spanier wild herumlaufen ließen; wenn man izt etliche essen will, so schießt man sie entweder, oder fängt sie in Schlingen lebendig; sie sind alle sehr groß, und liefern ein schmakhaftes Fleisch. — Eben so voll sind die Wälder von Schweinen, Ziegen, und allerlei Arten von Geflügel, die hieher versezt worden; sie lauffen wild herum, und müßen wie die vorigen gefangen werden; ihr Fleisch ist ebenfalls sehr vortrefflich. — Auch findet man Hirsche, die von den philippinischen Inseln hieher gebracht worden; an Größe sind sie den unsrigen gleich, aber sehr verschieden von Haaren. Vom Dezember an bis in den Mai ist der philippinische Hirsch grau, seine Haare sehr lang und dik, und um den Hals herum viel länger, so daß es gleichsam einen hängenden Kragen bildet. — Im Mai bekommt dieser Hirsch seine Sommer = Kleidung, die ganz verschieden von der im Winter ist; das Haar wird gelb, glatt, und glänzend, auf dem Rükken zeigen sich drei schwarze Streifen, der Zwischenraum ist mit weißen bezeichnet; wer es nicht kennt, und zu den verschiedenen Zeiten sehen

F 2   hen

hen würde, hielte es nicht für eben das Thier. —
Die Flüße und Bäche von Guam führen einen
Ueberfluß von Fischen vom vortreflichsten Geschmak mit sich, die Indianer ziehen ihnen aber
die Seefische vor, von denen die Küsten wimmeln,
die sich von kleinen Polypen ernähren, welche
ihnen kaustische Eigenschaft mittheilen; diese Fische
unterscheiden sich sehr leicht.

Was den Feldbau dieser Insel betrift, so ist
er wirklich in einem guten Zustand. — Der neue
Kommandant nämlich sah ein, daß das beste
Mittel zur Wiederherstellung des armseligen Ue-
berbleibsels der Einwohner der Marianischen Inseln wäre, — wenn er diese kleine Kolonie zum
Akkerbau aufmunterte. — Die Indianer fiengen
unter ihm an, Reis, türkisches Korn, Indigo,
Baumwolle, Kakao und Zukkerrohr zu pflanzen,
und alles gelang.   Insonderheit ist der Ertrag
des türkischen Korns unglaublich, und daher
nichts ohngewöhnliches Pflanzen zu finden, die
eine Höhe von 12 Schuh erreichen, und acht bis
zehn Aehren, jede 9 bis 10 Zoll lang voll der
schönsten Körner haben.   Die Indianer zermalen
sie und bakken Brod daraus. — Jede Familie
hat ein Stük Land zum Eigenthum erhalten, das
zu einem Garten und Akker vertheilt ist. — Um
die Arbeiten des Feldbaues zu erleichtern, hat
die

die Regierung Pferde von Manilla, und Esel und
Maulesel von Akapulko kommen laßen; auch hat
man den Indiauern gewiesen, wie sie die Ochsen
bezähmen, und zum Akkerbau abrichten müßen;
man trift nicht leicht einen Indianer an, der
nicht etliche deren Gespänen solcher abgerichteten
Tragochsen hätte. Um sie zu bändigen, durch-
stechen sie ihnen die Scheidewand zwischen den
Nasenlöchern und ziehen einen Strik dadurch, womit sich der Ochse, wie auch Pferde durch den
Zaum regieren läßt. — Sie reiten auf diesen
Ochsen ins Innere des Landes, und laden ihr
Gepäk darauf. — Um ein gutes Beispiel zur Kultur zu geben, hat der Befehlshaber der Insel
sehr angenehme und nüzliche Gärten angelegt,
und Alleen, die aus vierfachen Reihen von Kauß-
bäumen und Reimaß bestehen, vor der Stadt,
und auf öffentlichen Pläzzen in der Stadt, ge-
pflanzt, dieses machet Agana zu einem reizenden
Aufenthalt. — Die Gärten der Indianer sind
voll von Hülsen-Früchten, Melonen, Kohl, und
andern Gemüsen, die Obstgärten sind voll der
schönsten Mangenes und Ananas. Alle diese
Obstbäume trift man auch wild auf der Insel
in großer Menge an, sie sind aber nicht von der
Güte, wie die, denen in den Gärten gewartet
wird. — —

F 3   Die=

Dieser Landbau der Indianer erfordert natürlicher Weise auch verschiedene Handwerke, um die
dazu nöthigen Werkzeuge zu liefern; man trift
Indianer an, die mit dem Schmiede = Wagner-
und Zimmer = Handwerk ziemlich geschikt umgehen. —

Auch sind Fabriken von Baumwolle hier angelegt, und Teiche zu Vertiefung des Salzes ge-
graben. — So viel neue Kenntniße auch die von
Guam durch ihre Zivilisirung erlangt haben, so
behalten sie doch die von ihren Vorältern ange-
erbte Kunst, Schiffe nach ihrer Art zu bauen;
die Erfindung derselben würde unstreitig einem
Schiffbauer der Europäer Ehre machen. Die Gestalt ihrer Schiffe ist originell, denn sie geht von
allen ab, welche bei den Völkern des Erdbodens
üblich sind. —

Da diese Indianer eine Nazion ausmachten,
die auf neun Haupt=Inseln, die eine Breite von
6 Graden einnehmen, zerstreut waren, so hatten
sie zuverläßige Schiffe nöthig, um immer in Verbindung mit einander zu bleiben. Die Marianen liegen in einer Gegend, wo die Westwinde
fast immer herrschen, es war also ein Vortheil
für ihre Schiffe, wenn sie ein Hintertheil hatten.
— Sie gaben ihnen deswegen die Gestalt von
zwei

zwei Vordertheilen, jedes an einem Ende des
Schiffs, weil sie sich nie im Fall befinden, das
Schiff zu wenden. — Die Winde wehen in diesen Meeren nur stoßweise, und diese Stöße sind
oft sehr heftig; daher haben sie ihren Schiffen ein
großes Stük Holz angehängt, das in die See
gelegt wird, und das Schiff im Gleichgewicht
hält, so daß es gegen die Windstöße und das
Anschlägen der Wellen geschüzt ist. Weil die
Schiffe den Wind allemal nur auf einer Seite
haben, so sind sie auf dieser platt, und hingegen
auf der unter dem Winde, die immer tiefer im
Wasser geht, von einer rundlichen Gestalt, die
geschikter ist, das Meer zu vertheilen. Der Mast
steht nicht in der Mitte des Schiffs, sondern an
der krummen Seite, so daß er zwischen dem
Schiff und dem daran bevestigten Holz gleichsam
das Gleichgewicht hält. —

Die Maschine, die das Gleichgewicht hält,
besteht aus 4 Stükken Holz, an dem ist ein gro-
ses Stük Holz in der Forme einer Piroge ange-
bracht, dieses thut der Gewalt des Windes auf
der See einen solchen Widerstand, daß es das
Schiff auch bei den stärksten Stößen vor dem Um-
schlagen schüzt. — — —

Das Holz, das zum Gleichgewicht dient, ist
mit hölzernen Querhölzern oder Ramen an das

F 4 Schiff

Schiff befestigt; in den leeren Raum dazwischen wird ein Theil der Ladung gelegt, auch halten sich die Paßagiers darauf; auch dieses dient viel zum Gleichgewicht. — Der Mast dieser Schiffe ist ein Bambus, die Segel sind dreieckig aus Binsen, wie eine Matte geflochten, und jeder hat zwo Seegelstangen. Die Länge dieser Schiffe beläuft sich auf 40 bis 50 und ihre Breite auf 3 bis 4 Schuhe. — Ihr Boden besteht aus einem einzigen Baume, der nach Art einer Piroge ausgehölt, und durch einen Bord von zween Zoll erhöht ist; diese Schiffe haben kein Steuerruder, sondern werden von einem Indianer, der am Ende des Schiffes steht, mit einem breiten Ruder in der Gestalt einer Schaufel regiert. Wenn der Wind außerordentlich scharf bläßt, so legt ein solches Schiff fünf Meilen in einer Stunde zurük, sie sind also die besten Seegler von allen Fahrzeugen, deren man sich auf dem Meere bedient. Die Indianer nennen sie Praos. *) —

Von

*) Eine Abbildung dieser Praos steht auf dem Titel-Kupfer, der Uebersezzung von Bougainville's Reisen.

Von
den einheimischen Produkten der Insel Guam.

Unter den einheimischen Gewächsen dieses Landes bemerkt man vorzüglich den Kokosbaum und den Rima. — —

Es sind drei Arten von Kokosbäumen zu merken. Die erste ist die gewöhnliche, große, die man fast in allen Gegenden von Indien antrift, deßen Frucht zuerst einen angenehmen kühlenden Saft, hernach eine Art von Wein, ein Oel, und endlich auch Faden liefert, daraus man Strikke machen kann. —

Die zweite Art von Kokosbäumen, die man auch wegen des minder hohen Wuchses die mittlere nennen könnte, hat eine Nuß, deren zarte Schale, wenn man die obere harte herabgemacht, sich wie der Boden einer Artischoke essen läßt. —

Die dritte Art ist der schwarze Kokosbaum, deßen Größe und Höhe sich nicht über 6 bis 10 Schuh beläuft. Das Fleisch seiner Frucht ist dikker und stärker, und hat auch einen feinern Geschmak. — Die Blätter von allen drei Arten die-

F 5

nen,

nen, um die Häuſer damit zu bedekken, oder
Matten davon zu machen. —

Der Rima iſt eines der ſchönſten Produkte der
Natur. Es iſt ein großer Baum, deßen ſtarker
Stamm gerade in die Höhe wächſt, und eine
glatte Rinde, wie unſere Buchen haben. — Er
trift in der Höhe von 10 bis 12 Fuß, Zweige,
die wechſelsweiſe ſtehen, wie die Blätter. — Die
Blätter haben eine Länge von 18 bis 24 Zoll,
ſie ſind dik, feſt, von einem ſchönen Grün, und
geben dem Rindvieh eine vortrefliche Nahrung.
An den Achſeln der Blätter kommen längſt den
Zweigen die Früchte zum Vorſchein, die die Größe
einer großen Melone haben, aber mehr oval ſind,
und gemeiniglich 6 bis 10 Zoll lang werden, ſie
ſind in einer dikken Haut eingehüllt, die kurze,
ſtumpfe Spizzen hat; überhaupt gleicht die Frucht
des Rima ſehr viel der Frucht des in Indien be=
kannten Zakka; auch die Blüthe gleicht demſel=
ben; aber das Fleiſch iſt ſehr verſchieden. Das
von Rima iſt mehlicht und von einem ſehr lieb=
lichen Geſchmake, der völlig dem des Brods
gleicht, und in allen Stükken den Gebrauch deſ=
ſelben erſezt, ja der Geſchmak davon iſt ſo lieb=
lich und ſanft, daß ihn der geſchikteſte Bekker
ſeinem Brode nicht ſo mittheilen kann. — Es iſt
allerdings für die Einwohner dieſer Inſeln etwas
ſehr

sehr angenehmes, alle Tage sein Brod nur vom
Baum wegnehmen zu können, um das sich der
Europäer, ehs er es zu Stande bringt, so viele
Mühe geben muß. — Die Indianer pflükken diese
Frucht ab, wenn sie noch grün ist, und schneiden Schnitte, wie Brod davon; wollen sie sie
aufbewahren, so schneiden sie sie in runde Schei-
ben, wie Zwiebak, und troknen sie an der Sonne,
oder im Ofen. Dieser natürliche Zwiebak erhält
sich viel länger gut, als der beste Schiffs-Zwie-
bak. Wenn sich aber die Frucht des Rima der
Reife nähert, so wird sie gelb und weich, wird
unschmakhaft und verliert ihren ganzen Werth. —

Die Wälder von Guam sind voll Gujaven-
Zitronen- und Pomeranzen-Bäumen; vorzüglich sind aber noch zu merken zwo Arten von Bananen oder Pisangbäumen. Die erstere Art ist
ein Zwergbaum, deren Stamm nie über drei Fuß
hoch wird. —

Sie bringt einen großen runden Klumpen von
Früchten hervor, die an der Zahl 500 bis 600
dicht an einander sizzen. Die Frucht gleicht einer Nuß, ist entweder gelb oder roth, und übertrift an Geschmak alle übrige Bananen. —

Die zwoote Art ist ein wilder Bananenbaum,
der an Höhe alle übrigen übertrift; seine Frucht
be-

besteht aus einer Menge Kernen, die durch we-
niges Fleisch mit einander verbunden sind, und
läßt sich nicht eßen. —

Der Stamm dieses Baums aber schaft ziemlichen Nuzzen, denn er besteht aus einem Ge-
webe von Fäden, aus welchem die Indianer
Strikke und Fabeltaue machen, die an Stärke
die unsrigen übertreffen. Am Rande des Meers
und der Wälder stehen Kapernbäume, die einheimischen Produkte dieser Insel sind.

———————

Es läßt sich aus der Fruchtbarkeit dieser
Inseln gar leicht schließen, daß die Spanier gar
keinen Nuzzen aus diesen Inseln ziehen, in Ver-
gleich desjenigen, den sie zu geben, fähig sind.

VII.

VII.

Nachrichten
von
der Insel Madagaskar,

aus Makintosh's Reisen.

Die Insel Madagaskar bedarf keiner Beschreibung, denn es ist bekannt genug, daß man sie unter den größten Inseln in der Welt für die zweite gehalten hat, ehe der erfahrene und scharfsinnige Seefahrer, Kapitän Cook, die Entdekkung machte, daß Neu=Holland u. s. w. Inseln wären. Sie liegt unter der Südbreite vom 12ten bis zum 26 Grad, und zwischen dem 43sten und 51sten Grade der östlichen Länge von London.

Die Macht des Vorurtheiles, wenn es sich auch sogar nur auf die fabelhaften Begriffe ungelehrter Seeleute, die nichts gehörig erforschen, und größtentheils wohl gar auf die um ein Stük Brod geschriebenen Reisen und Abentheuer von Seeräubern und Freibeutern gründet, die nur in

dem

dem Gehirn eines Dachkammer-Skribenten aus-
gehekt worden, hat doch in so fern das Ueberge-
wicht über Vernunft und Billigkeit gewonnen,
daß wir in Europa nimmer den ursprünglichen
Einwohnern von Ländern, die weit von uns ent-
legen sind, Wildheit, Barbarei, Unwissenheit,
Dummheit, Mangel an aller Religion, und eine
ganze Menge von mancherlei Lastern beizumessen
pflegen, dergleichen Vorstellungen sind wahrhaf-
tig lauter grobe und unbillige Vorurtheile. Den
mehrsten weit von uns entfernten Völkern, die
bei den Europäern immer schlechterdings Wilde
heißen, kömmt viel natürlicher das Lob der ent-
gegengesezten Eigenschaften zu. — So hat man
bisher ohne allen Grund die Einwohner von
Madagaskar, und die Hottentotten am Vorgebirge der guten Hoffnung theils für Geschöpfe,
die außer der Figur und Sprache keine einzige
Eigenschaft besäßen, wodurch sie sich vor dem
Vieh auszeichneten, theils für reissende, blut-
gierige Tyger gehalten.

Die Franzosen sind noch die einzige europäische Nazion, die einige Versuche gemacht haben,
Pflanzstädte auf der Insel Madagaskar anzulegen. Mit einem solchen Versuche machten sie
den Anfang zu ihrem Ost-Indischen Handels-Sy-
stem, aber nach einer unermüdeten Beharrlich-
keit

ļelt und Ausgabe von mehreren Jahren ward
dem unausgeſezten Widerſtande der Einwohner
das Klima noch behülflich, vielen tauſend franzöſiſchen Unterthanen den Garaus zu ſpielen, worauf dann dieſe den ferneren Kampf aufgaben.

Um das Jahr 1770 entwiſchte der Graf Beniowski, ein polniſcher Edelmann, von kühnem
und unternehmendem Geiſt, aus der Verbannung
in Sibirien, wohin ihn die rußiſche Kaiſerinn
geſchikt hatte, reißte von dannen nach Kamt-
ſchatka, und baute ſich ſelbſt eine Art von Fahrzeuge, indem er ſich hernach mit einigen andern
verzweifelten Gefährten einſchiffte, und mit dem
er an der Küſte hinſteuerte, bis er mit ſeinem
Gefährten auf dem Kanton-Strom in China an-
langte, von wannen er ſodann ſeinen Weg nach den
franzöſiſchen Inſeln nahm. Er erkundigte ſich überall nach allerhand Partikularitäten, die Einwohner ꝛc. von Madagaskar betreffend, gab dem
natürlichen Hange ſeiner eignen ekzentriſchen Neigung zu Heldenthaten und großen Unternehmun-
gen Raum, und legte, als er nach Frankreich
kam, der Regierung einen Plan zur Wiederbele-
bung des Anſchlages vor, ein Etabliſſement auf
Madagaskar zu errichten. Beniowski fand Ge-
hör, und erhielt den Auftrag, ein Regiment von
300 Mann zu errichten, welches von allen euro-
päi-

päischen Nazionen und Religionen zusammenge=
bracht, und nach seinem eigenen Sinne geformt
und gekleidet werden sollte. Er erwählte die grüne
rußische Uniform, und dabei auch rußische Waf=
fenrüstung. Kurz, er brachte seine Mannschaft
zusammen, wurde mit derselben nach der Insel
Mauritius geschifft, und von dannen nach dem
Fort Dauphin in Madagaskar gebracht, wo er
das Kommando der Besazzung und der Pflanz=
städte übernahm, indem er eine beträchtliche An=
zahl von bürgerlichen Personen beredet hatte, sein
Schiksal mit ihnen zu theilen, und sich unter sei=
nem Schuz auf dieser Insel niederzulassen.

Nun pflog er Unterhandlungen mit den Ein=
wohnern, die sichs auch gefallen ließen, daß ei=
nige Pflanzstädte an einer Bai dicht an der See
angelegt werden durften, die aber schlechterdings
darauf bestanden, daß er sich im Lande selbst
nicht eindrängen sollte. Er ließ ein verpallisa=
dirtes Schloß für seine Besazzung erbauen und
Hütten anlegen, um seinen Leuten Wohnung und
seinem Proviant= und übrigen Vorrathe Raum
und Obdach zu schaffen. Die Einwohner beun=
ruhigten ihn auch nicht im geringsten, so lange er
sich innerhalb der Gränzen, die sie seinem Ge=
biete gesezt hatten, hielt, und bei dem Buchsta=
ben des mit ihnen geschloßenen Vertrages blieb.
Weil

Weil aber dem Grafen daran gelegen war, sich Straßen ins Land hineinzubahnen, und er dergleichen anzulegen begannte, so widersezten sie sich ungesäumt seinem Vorschreiten, und darüber kam es zu Feindseligkeiten.

Da nun dieser Niederlassungsplaz ohne Ueberlegung, in einer niedrigen sumpfigen Gegend, oder doch dicht dabei angelegt war, so starben seine Truppen und seine Pflanzer in kurzem hinweg, ja es entstanden auch Mißhelligkeiten und Zänkereien unter ihnen selbst. Man schikte sogar Beschwerden an die höchste Regierung auf der Insel Mauritius; hierauf entstanden Streitigkeiten zwischen den höchsten Oberhäuptern der Inseln, und ihm, es ergieng eine Appellazion an den Hof nach Paris, und der Graf bekam darauf Erlaubnis nach Hause zu kommen.

Sein Verhalten ward, als er wieder nach Frankreich kam, gemißbilligt, und ob man ihn gleich nicht aus dem Dienst und von den Posten, die er bekleidete, geradezu abdankte, so war doch die Aufnahme und Begegnung, die ihm wiederfuhr, nicht viel besser. Man will sagen, er habe seitdem Gelegenheit gefunden, bei dem teutschen Kaiser empfohlen zu werden, und in einem ansehnlichen militärischen Posten in dessen

G   Dien‐

Dienste zu kommen. Sei indessen dem, wie ihm wolle, genug im Oktober 1778 waren auf der Insel Madagaskar nur noch vier Offiziere übrig, und drei saßen wegen militärischen Vergehungen gefangen, außerdem war weiter Niemand mehr da, als etwa dreißig Privatleute und Offiziere, die kein Patent hatten und keine Dienste thaten. Alle Pflanzer waren gestorben.

Damit hatte auch das neue französische Etablissement ein Ende, und die Einwohner waren nunmehr erbitterte Feinde, die sich sogar gegen Privat=Schiffer aus den Inseln feindselig beweisen, ein überaus nachtheiliger Umstand, da sie ehedem zu ganz billigen Bedingungen mit Reis und Hornvieh und zwar in großer Menge von St. Mary, Faulpoint, und St. Antongil (lauter großen Baien, die den Inseln gegen über liegen) versorget worden sind. Die Hinreise von Bourbon oder Mauritius nach einem oder dem andern von diesen Orten geschieht insgemein binnen zween, drei, vier bis höchstens fünf Tagen, aber die Rükfahrt ist desto langweiliger, und zwar wegen der beständig anhaltenden Winde und Ströme, durch welche die Schiffer genöthigt werden, weit nach Norden oder Süden hin zu laviren, wenn sie in Stand kommen wollen, die Inseln zu erreichen.

Un=

Unsere Flotte ankerte am 14ten und 15ten Junius in der Augustiner=Bai. Die Einwohner kamen folglich an Bord, und fiengen einen Handel mit einer Beurtheilungskraft an, die schon durch Erfahrung gereift seyn mußte. Ihre Geschiklichkeit ist in jeder mechanischen Kunst weit unter der Mittelmäßigkeit; dagegen aber sind sie Kenner genug, Mastochsen, die so schön sind, wie man sie in der Welt findet, Schafe, Ziegen, zahmes Federvieh, Puterhühner, Milch und solche Vegetabilien, wie sie in jeder Jahreszeit zu ziehen wissen, gegen Schießpulver, Kugeln, Flinten, Musketen, und geistige Getränke umzusezen, welche den Stapel ihres Handels ausmachen. An der Nord=Nord=Ost= und Süd=Süd=Ost=Seite erbauen sie große Quantitäten von vortreflichem Reis, und da haben sie auch Plantains, Yams, Limonien, Pomeranzen, Tamarinden, u. d. gl. in Menge.

Die stärksten und reinsten Kristallen von Steinsalz in der Welt befinden sich in dem Eingeweide der Erde auf dieser Insel. Ihre Baien enthalten einen Ueberfluß an Fischen, die in ihrer Art vortreflich sind, nebst den mehresten Arten von Muschelthieren an und unter den Klippen und in den Flüßen. Für Naturforscher ist

G 2   da

da ein weites Feld in den Waldungen dieses Lan=
des, woran sie ihre Talente üben könnten.

Die Insel selbst ist, wie die Einwohner sagen,
in sieben verschiedene Königreiche getheilt, von
denen ein jedes einen besondern König hat, der
seine Gewalt sowohl wie sein Recht durch Erb=
schaft erlangt. Diese Fürsten begehen Feindse=
ligkeiten gegen einander in bester Form, es be=
steht aber diese Form darinnen, daß sie einander
plündern, und das Hornvieh wegtreiben. Die
Kriegsgefangene werden hernach jedesmal an
französische und holländische Sklaven=Händler zu
Sklaven verkauft.

Die Männer sind von mittlerer Größe, wohl=
gebildet, sind gewand und thätig. Dabei sind
sie dreist und beherzt in hohem Grade, und kön=
nen durchaus keinen Schimpf, auch nicht von
ihrem höchsten Vorgesezten ertragen, ohne ihn
augenbliklich, entweder mit der Muskete, oder
mit der Lanze zu ahnden. Sie besizzen große
Fertigkeit im Lanzenwerfen, mit einem Lanzen=
schuße, den sie aus einer beträchtlichen Entfer=
nung thun, schlachten sie ihre Mastochsen, und
es bewirkt diese Art zu schließen den augenblik=
lichsten Tod, den ich jemals gesehen habe. Der
Wurfspies fährt neben der Schulter hinein, und
das Thier stürzt im Augenblikke nieder.

Sie

Sie sind große Liebhaber von geistigen Ge=
tränken, und sehr geneigt, ausgelassen zu wer=
den, sobald sie betrunken sind.   Uebrigens sind
sie ein standhaftes, vernünftiges, scharfsichtiges,
und über seine Freiheit sehr eifersüchtig haltendes
Volk; insgemein aber sind sie eben nicht gewohnt,
was sie versprochen haben,   aufs treulichste zu
halten, daher denn auch jeder, der ihnen etwas
auf Treu und Glauben im Voraus giebt, eine
Unvorsichtigkeit begeht, wovon ich blos die ge=
wöhnlichen Geschenke an den König und andere
Großen ausnehme.

Sie geben ihre Weiber gern Ausländern
Preis, schieben aber nicht selten, um die Vergel=
tung für eine solche Gefälligkeit desto höher zu
bringen, für Prinzeßinnen geringere Personen un=
ter.   Allein die Franzosen an der Ostseite schlie=
sen mit den Oberhäuptern und Fürsten Kontrakte
auf Wochen,   Monate, über ihre Töchter, die
dann auch während einer solchen bedungenen Zeit
nicht allein fleißig und geschäftig in Zurichtung
der Speisen und Besorgung anderer häuslichen
Angelegenheiten, sondern auch darinnen sehr ge=
treu sind, daß sie ihnen jeden Verdruß, jede
Unannehmlichkeit so wie jedweden Betrug in ih=
ren Geschäften mit andern Einwohnern zu erspa=
ren suchen.   Sie sind bei allem dem sehr mit der

G 3   venes

venerischen Seuche behaftet, welche sie zweifels
ohne von Europäern bekommen haben; jedoch ha=
ben sie dawider eine vollkommene und leichte Kur
durch Kräuter ausfindig gemacht.

Allem Ansehen nach stammen sie größtentheils
von den Kaffern an der süd=östlichen Seite von
Afrika her, welches ich aus ihren wolligen Haa=
ren, so wie aus ihren Gesichtszügen und aus der
Farbe ihrer Haut schließe. Jedoch giebt es in
dem nord=östlichen Quatiere der Insel einen
Strich Landes, dessen Einwohner offenbar von
den Arabern herstammen, und obgleich diese Na=
zion fast beständig mit einigen ihrer Nachbarn im
Kriege begriffen ist, so ist doch gleichwohl mehr
als warscheinlich, daß ihre Verbindung mit ih=
nen weit genug gegangen sei, um die Gesichts=
züge vieler von ihnen platt zu machen, denn es
ist etwas merkwürdiges, daß ich ungeachtet des
häufigen Verkehrs, welches ihre Weiber mit Eu=
ropäern treiben, nie einen Mulatten oder Mesti=
zen auf oder von Madagaskar gesehen habe. Fast
argwohne ich, daß man dergleichen Kinder viel=
leicht, aus politischer Eifersucht, nicht leben las=
sen mag.

Ich habe nie, in Erfahrung bringen können,
ob es auf dieser Insel wilde, reissende Thiere
gebe;

gebe; Alligators hingegen giebt es in allen
Flüßen.

Die Einwohner haben eine große Menge Hun=
de, und überall findet man bei ihnen wilde
Schweine. Auch giebt es auf der Insel unter=
schiedliche Arten von wilden Enten und Gänsen,
die man sonst nirgend antrift, und die nicht nur
vorzüglich groß, sondern auch schön vom Gefie=
der sind. —

Mich dünkt übrigens gar nicht, daß man eben
nicht nöthig habe, sich nach einer europäischen
Pflanzstadt auf dieser Insel zu sehnen; denn
wenn nur kluge Anstalten getroffen und den
Schiffs=Hauptleuten gewiße Verpflichtungen auf=
erlegt werden, die sie beobachten müßen, so kann
sich da ein jeder zu einem bei weitem leichtern
Preis, und auf eine weit erwünschtere Art mit
dem, was er nöthig hat, versorgen, als wenn
ein europäischer Pflanzort auf der Insel angelegt
wäre. Gartengewächse, wie z. B. Kohl und
Kraut, Turnips, Karotten und dergleichen sind
alles, womit sie niemanden versorgen können.
Gäbe man sich aber ein wenig Mühe darum, so
würde man sie auch wohl dahin bringen können,
daß sie diese zögen. Gute Begegnung von Sei=
ten der Europäer, und pünktliche Erfüllung je=
des den Einwohnern gethanen Versprechens würde

G 4

gar

gar bald dienen, diesen Leuten gleiche Gesinnun=
gen und gleiches Betragen gegen uns einzu=
flößen.

Da ich ganzer sechs Wochen lang in den
schlimmsten Gesundheits = Zustand versezt war,
und wegen einer Gallen=Beschwerde in meine Ka=
jüte eingesperrt bleiben mußte, indem ich durch=
aus nicht vermögend war, die geringste solide
Nahrung zu verdauen, so hatte ich alle mögliche
Ursache zu befürchten, daß ich meine Gebeine
würde in Madagaskar zurüklassen müßen. — Bei
allem dem fand ich noch ein schnelles und wirk=
sames Heilmittel auf dieser Insel. Bei niedri=
gem Wasser nämlich fließt ein Bach mineralischen
Wassers aus einem harten Felsen, ungefähr 300
Fuß weit von der sogenannten Zelt = Klippe
(Tent - Rock), in der St. Augustini=Bai. Die=
ses Wasser erregt anfänglich, wie das Wasser zu
Bath, eine Art von Schwindel; aber in we=
niger als acht Tagen schaffte es aufs kräftigste
alle Verstopfungen der Galle aus meinem Leibe
fort. Ich brauchte es auch den ganzen Weg
über bis zum Vorgebirge der guten Hoffnung mit
unausgeseztem gutem Erfolge fort. Dabei konn=
te ich mit herzhaftem Appetit zur Mittagsmahl=
zeit ein gutes Stük Fleisch von einem Mastoch=
sen, der erst selbigen Morgen geschlachtet war,
essen,

essen, ohne die mindeste Beschwerde von Mangel
an Verdauungskraft zu empfinden.

Ueberhaupt ist das Rindvieh da vortrefflich.
Jedes Stük wiegt zwischen fünf und acht hundert
Pfund, und das zugerichtete Fleisch davon ist
schmakhaft, mürbe, riecht gut, und sieht gut aus.

Die Schafe auf Madagaskar haben, wie die
afrikanischen, breite Schwänze, und sind auch
übrigens so groß wie diese. —

Die Gastfreiheit dieses Volkes ist ein Kenn=
zeichen von ihrer menschenliebenden Gesinnung.
Ein junger Mensch von unserer Reise=Gesellschaft
gieng des Tages nach unserer Ankunft in dem
Kanot der Einwohner, mit einem von ihnen
ans Ufer; da aber hernach der Abendwind,
und der starke Strom der Fluth ihnen die Rük=
fahrt verwehrte, so nahm ihn der Mann mit
sich nach Hause. Einer von den Fürsten des
Landes, der zugleich einen wichtigen Aufseher=
Posten bei dem minderjährigen Könige von Baba
bekleidete, besuchte den Fremdling, hielt mit
beiden die Abendmahlzeit, und lud unsern Lands=
mann nach seinem eigenen Hause ein. Hier wur=
de noch eine Puterhenne geschlachtet, und zu sei=
ner Abendmahlzeit nach madagaskarischer Manier
zugerichtet. Der Wirth und seine Frau schliefen

auf

auf der Erde, und den Frembling nöthigten sie
auf ihrem Bette zu schlafen. — Es sind uns auch
während unsers Aufenthalts bei dieser Insel verschiedene andere Beispiele von natürlicher Gastfreiheit vorgekommen, und es war leicht wahrzu-
nehmen, daß die Madagassen zwischen Männern,
welche Achtung verdienten, und andern, die keine
verdienten, in ihrem Betragen einen Unterschied
zu machen, und den Kapitain vor dem gemeinen
Soldaten recht wohl zu erkennen wußten.

VIII.

VIII.

Zur Geschichte
der
Insel Madagaskar.

———

(I.)

Auszug aus Briefen von Pondicheri.

Ein Brief aus Frankreich vom roten Hornung
1785. sagt uns, daß Hr. von Beniowski *) von
Neuengland mit 5 oder 6 Schiffen abgereißt ist,
und daß er den Weg nach Formosa und Mada=
gaskar habe machen wollen. Aus der Insel Frank=
reich melden die Briefe vom lezten Dezember in
Betreff dieser Unternehmung folgendes:

Herr von Beniowski reißte mit einem ziem=
lich übel ausgerüsteten Schiffe von Neuengland
ab, er strandete zweimal an der Seeküste von
Bra=

———

*) Mein Brief vom 6ten verfloßenen Hornungs hat
den Tod dieses berühmten Abentheurers angekün=
diget; diese Neuigkeit gründete sich auf die Briefe
aus der Insel Frankreich unter dem nämlichen hier
angegebenen Datum.

Brasilien und sezte dennoch seinen Weg bis nach
Madagaskar fort.   Er landete am westlichen
Theile des Landes der Sklaven **), wo er alle
seine Waffen und 34 Menschen ans Land sezte.
Da er sah, daß die Eingebornen sich truppenweis
versammelten, so suchte er sich zu verschanzen,
und begehrte neuen Beistand vom Schiffe: allein
der englisch = amerikanische Kapitain, welcher ihn
hingeführt hatte, drükt sich wegen dieser Sache
auf diese Art aus:

„Es blieben mir nur 14 Mann, 1 Kano-
„ne, eine Flinte und ein Paar Pistolen übrig.“
Solche schwache Vertheidigungsmittel erlaub-
ten mir nicht die Erwartung des Barons zu
erfüllen.   Ich hörte in nachfolgender Nacht,
nachdem ich ihm diese Soderung abgeschlagen
hatte,

**) Die Sklaven sind kriegerisch, kennen einige Kün-
ste, und verstehen den Handel, welchen sie mit
den Arabern an der afrikanischen Küste treiben; sie
bewohnen den Theil, der jenen gegen über liegt,
in welchem sich ehemals der Baron Beniowski
vest gesezt hatte, er trachtete bis zu ihnen zu dringen, aber er wurde zurükgetrieben.   Sein Ruf hatte ihn bei ihnen in Miskredit gebracht, und es ist
sich daher nicht zu wundern, daß sie weder etwas
mit ihm zu thun haben, noch seiner Tirannei sich
unterwerfen wollten.

hatte, ein heftiges Feuern mit Flinten, zu
Lande, und bei Tage fah ich, daß das Lager
verwüstet und verlaffen war. Während drei
Tagen hörte ich in der Ferne und in dem
Walde von Zeit zu Zeit Flintenschüße. Nach
diesen drei Tagen fah ich an dem Ufer viele
Pirogen (Kähne), und die Vorbereitung zu
einer Einschiffung; da ich mich nicht im Stan=
de fand, einen Anfall auszuhalten, fo begab
ich mich unter Segel und fuhr nach Quiloa
auf der Küste Mofambik.

Eben von Quiloa hat man diese umständliche
Erzählung erhalten. Sie fezten noch hinzu, daß
der Kapitain fein Schiff um 4000 Piafter dem
Hr. Duhazier einem Kreolen von Bourbon ver=
kaufte, welcher des Sklaven=Handels wegen sich
hier befand, und daß ein Deferteur von dem Re=
giment der Insel Frankreich, Namens Mayeur,
der Gehülfe und Freund des Beniowski war.

So viele Umstände lassen bei dieser Nachricht
keinen Zweifel übrig, und es ist ganz wahrschein=
lich, daß der Baron endlich das Schlachtopfer
feines feurigen Kopfes und feiner leichtfinnigen
Projekten geworden fei.

(2,)

(2.)

Vom 16ten Mai 1786.

————

Genaue Berichte, welche aus der Infel Frank=
reich eingeloffen find, melden, daß das Schießen
mit Flinten, von welchen in oben ftehender Nach=
richt die Rede war, eine Lift des Beniowski ge=
wesen, um dem Kapitain Schrekken einzujagen,
ihn zur Flucht zu bewegen, und dadurch den
freien Befiz der Effekten, des Geldes u. f. w.
das ausgeschifft worden war, zu behalten. Denn
man weiß, daß er von den Eingebornen des
Landes nicht angefallen wurde, und daß die
fcheinbaren Bewegungen der leztern, auf An=
trieb des Barons geschehen waren.

Nach der Abreise des arglofen und furchtfa=
men Amerikaners hatte der Baron feinen Weg
nach Norden gerichtet, und fich nach Bombelak
begeben, wo er, da er den König todt fand,
feiner Wittib den Antrag that, fie zu heirathen.
Das fchwarze Weibchen mochte ihn wohl haben,
aber ihr Hof widerfezte fich. Alsdann verließ er
diese neue Dido, nahm den Weg nach Weften
und gieng über Foulpointe, einen Ort, wo wir
immer noch einen Agenten für den Ochsen= und
Reis=

Reis-Handel haben. Er schikte 6 Herolden voraus als Ueberbringer seiner Vollmachten, die in diesen Worten begriffen sind:

„Wir u. s. w. durch die Gewalt, welche wir „von dem Kaiser und Könige von Frankreich er„halten haben, befehlen allen denjenigen, denen „es nöthig seyn wird, u. s. w. Gegeben in unsrer „Kanzlei .... (unterschrieben) Baron von Be„niowski Kaiser der Insel von Madagaskar."

Da unser Agent und seine Angehörigen befürchteten beim Kopfe genommen zu werden, so benuzten sie die Gelegenheit, die ihnen ein kleines Schiff anbot, um abzuziehen. Die Herolden machten Mine, die Barke anzugreifen, aber geschwind aufgespannte Segel entfernten sie vom Ufer. Dies ist der Bericht, welcher dem Vicomte von Souillac ist abgestattet worden. Dieser Befehlshaber hat sogleich ein kleines Schiff mit einem Detaschement von 15 Mann abgeschikt, und von einer Flotte begleiten lassen, welches der Chevalier von Tormelin, Schiffslieutenant, kommandiert, ein Mann, der Fähigkeit genug besizt, seiner Kaiserlichen Majestät Troz zu bieten.

Man versichert, daß der Kaiser nur noch zwölf Mann hat, unter welchen ein Bruder von ihm ist, und daß die übrigen auf der Reise umgekommen sind.

Man

Man nehme eine Karte von Madagaskar, gehe von 30 Meilen gegen Norden aus, und ziehe seinen Weg nach Bombelak, dann gehe man von da nach Südwesten, bis nach Foulpoint auf der Ostseite der Insel, und dann wird man einen Begriff von der Reise des Kaisers haben. Man bemerke dabei, daß ohnerachtet der kleinen Entfernung eines Ortes vom andern die Berge, die dichten Wälder, die stinkenden Sümpfe unter einem heißen Himmel fast unübersteigliche Hindernisse für uneingewohnte Ankömmlinge sind.

IX.

Herrn Milran,

Bürgers zu Cherbourg

Reise

nach der Insel Jersey.

(Aus dem Französischen übersezt.)

An

den Vicomte de Toustain.

Die Reise ist vollbracht, und nun sollen Sie auch, mein werthester Freund, wie ich es Ihnen versprochen habe, meinen Bericht davon erhalten. Gefällt dieser Ihnen, so habe ich meinen Zwek erreicht. Aber alles kann ich Ihnen doch wohl nicht erzählen, was mir bei dieser kleinen Reise aufgestosen ist, die nicht ohne Abentheuer war; das Meer giebt immer Stoff dazu: denn da wir zu unserer Ueberfahrt nur vier Stunden gebraucht hatten, so mußten wir zwei und zwanzig für unsere Rükreise aufopfern. Die Wind-

H stille

stille hätte mich beinahe toll gemacht: bedenken
Sie, eine abscheulich lange Nacht mußten wir
auf dem Wasser zubringen, mußten da eine
Zeit unnüz verschwenden, die wir weit angeneh=
mer auf der Insel Jersey hätten zubringen kön=
nen, dieß war es, was mich am meisten ärgerte.

Die Insel — o mein Freund, die hat den
lachendsten Anblik! Ein herrlicheres Ländchen
ist nicht zu finden! — Es ist ein wahrer engli=
scher Garten von zwölf (französischen) Meilen
im Umkreise! Die Wege sind schmal, aber sau=
ber und eben wie die Alleen eines Parks. Auch
sind Fußwege, neben den Straßen, die kein
Pferd betreten darf, und alle diese Wege ko=
sten die Einwohner jährlich nur sechs Tage Ar=
beit; sie sind überdies so wohl mit Bäumen
besezt, daß man bei der Mittags=Hizze hier in
der Kühle des Schattens gehen kann. Die gan=
ze Insel gleicht einem schönen Walde, der von
tausend kleinen Wegen durchschnitten ist, die ei=
ne Schönheit mehr haben, als unsre regelmä=
sigsten Alleen. Dies ist die mannichfaltige Ab=
wechslung, und die kunstlose Natur, die nicht
mit dem Zirkel in der Hand alle diese Straßen
auf dem Papier abgezeichnet hat; denn hier
fühlt man die Kunst gar nicht. Die Wege füh=
ren nicht zu dem Lager eines wilden Schweins,

oder

oder zu der Höle eines Fuchses, sondern zu nied=
lichen Dörfern, hübschen Bauergütern, und zu
den angenehmsten Landhäusern, von welchen
auch die geringen immer eben so viele Einfalt,
als Reinlichkeit verrathen.

Wir landeten an der südlichen Spizze der
Insel bei dem alten Kastelle, und von da hat=
ten wir noch sechs (englische) Meilen *), bis zu
der Hauptstadt Saint = Elie (verdorben: Saint=
Gelier). Mehrere von uns waren von der Ue=
berfahrt krank geworden, und erschrakken über
die Länge des Weges, den wir noch zu machen
hatten. Denn für fünfzehn Personen, die wir
waren, konnte nur ein einziges Miethpferd ge=
funden werden. Denken Sie sich aber nun die
Zauberkraft dieser Insel; bei dem Anblik des
ersten Hauses von St. Elie riefen die Damen
und Ablus, die in unserer Gesellschaft waren: Ei
schon da? Ja sie schienen so gar wirklich ärger=
lich darüber zu seyn, daß sie schon da waren.
Ueberall fanden wir sehr höfliche Leute, die uns
baten, bei ihnen einzukehren und uns zu erfri=
schen. Der Eigenthümer des Schlosses und Land=
gutes

---

*) Eine englische Meile macht ohngefehr den drit=
ten Theil einer Stunde aus.

gutes Bago, das eine halbe Stunde von der
Stadt liegt und sehr angenehm ist, hielt uns
an, befragte, wo wir einzukehren gedächten, und
nannte uns mit der freundlichsten Artigkeit den
besten Gasthof.

Die Ländereien sind vortrefflich unterhalten
und äußerst fruchtbar; die Nähe des Meeres
erleichtert das Düngen und man spart es gar
nicht. Auch bemerkten wir bei den Einwohnern
eine besondere Sorgfalt für das Vieh. Des Ta=
ges während der Hizze hält man es in den Stäl=
len, Morgens, Abends und Nachts läßt man
es waiden. Dadurch kömmt man den Krankhei=
ten des Viehes zuvor, und die Kühe geben nicht
nur mehr Milch, sondern auch fettere und sü=
sere. Die Pferde der Insel sind unvergleichlich
und die Ochsen sehr groß. — Das Geflügel hat
einen ausnehmend guten Geschmack, und an Fi=
schen giebt es hier Ueberfluß; auch das Fleisch
ist theuer, denn das Pfund (von 30 Loth) ko=
stet 14 Sous. Die Einwohner machen einen
guten Zider (Apfel= und Birnmost) und trinken
ihn lieber als das Bier. Wein und Bier ge=
hören unter den Pracht=Aufwand; und dennoch
ist hier niemand, der nicht Wein und Bier hätte. —

Man findet wenig Arme auf der Insel, und
diese wenige werden wohl unterstüzt. Die Eng=
läns

länder geben mehr Allmosen, und vertheilen es
vielleicht besser, als jede andere christliche Re=
ligions=Partei. Nun da ich von Religion spre=
che, muß ich Ihnen auch sagen, daß man hier
nicht völlig der Anglikanischen Kirche *) folgt,
sondern der Lehre des Kalvins in ihrer ganzen
Strenge anhängt; dennoch ist man auch hierinn
nicht so eifernd, als zu Genf, wo gar keine
Bilder in den Kirchen geduldet werden. Die
Kirche von St. Elie hat verschiedene Denkmä=
ler, die ihre Mauern zieren. Unter diesen ist
eines von weißem Marmor, das zu London ver=
fertigt worden ist, und den Italienischen Kunst=
produkten nichts nachgiebt. Alle diese Denkmä=
ler haben ihr Daseyn dem Patriotismus, und
auch diesem ohne Zweifel die Nachsicht zu dan=
ken, mit welcher man sie in der Kirche einer
Religions=Partei duldet, die sonst alle Bilder
hasset.

Sie wissen, mein Herr, daß die Reformir=
ten einen ausgezeichneten Werth auf die Talen=
te eines guten Predigers sezzen. Unsere Da=
men und Priester, denn wir hatten Glieder von
allen Ständen unter unserer Gesellschaft; so gar

H 3   Aerzte

---

*) Die anglikanische oder englische Kirche macht eine
besondere Abtheilung der Protestantischen Kirche
aus.

Aerzte und Magiſtratsperſonen, giengen in die
Kirche, wo der Pfarrer bei Vollendung einer
Leichenrede, eine moraliſche Ermahnung an die
Aeltern des Verſtorbenen hielt. Ich war gera=
de nicht mit unter dem größten Theile von un=
ſrer Reiſegeſellſchaft, der dieſer Predigt beiwohn=
te. Als wir wieder mit dieſen zuſammen tra=
fen, hörte man wohl bei zwo Stunden nichts
als Ausrufungen und Lobſprüche, die gar kein
Ende nehmen wollten. Beſonders ſchien mir
ein Pfarrer von den unſrigen gar nicht üble Luſt
zu haben, mit dieſem Diener des heiligen Evan=
geliums **) zu tauſchen, inſonderheit da er
hörte, daß dieſer Speiſe wie er, ſeine Einkünf=
te und Kaſualien habe wie er, und noch oben
drauf der Gatte eines niedlichen Weibchens ſei,
das wir das Vergnügen hatten zu ſehen, als
wir dem Herrn Dupre, Pfarrer zu St. Elie,
unſern Beſuch abſtatteten. Es iſt ein ſehr lie=
benswürdiger, gelehrter junger Mann, deſſen
vortrefflicher, ſittlicher Karakter ihm Ehrfurcht
erwekken, und deſſen Beredſamkeit ihn bei der
wichtigen Stelle, die er bekleidet, ſehr nüzlich
macht.

Es

**) Die franzöſiſchen katholiſchen Pfarrer nennen ſich
Curés und die Reformirten: Miniſtres du Saint
Evangile. —

Es sind zwölf Pfarreien (Kirchspiele) auf der Insel, unter welchen St Elie die beste ist; sie trägt ohngefehr zweitausend Thaler ein.

Wir waren an Herrn Fall, den Gouverneur dieser Insel empfohlen, und diese Empfehlung verschaffte uns eine gute Aufnahme, und ein Abendessen nach englischer Sitte, über beides war ich sehr entzükt. — Ich liebe gar sehr fremde Sitten, und mehr kontrastirende findet man nicht, als die von Grosbritannien und die von Frankreich. Die stolzen Britten ahmen uns nur nach, um uns zu metamorphosiren, und uns lächerlich zu machen. Sind unsre Löffel an dem Ende einwärts gebogen, so sind die ihrigen nach der Aussenseite gekrümmet; haben wir spizze Messer, so haben sie runde, die ihnen oft statt der Löffel, und noch öfters statt der Gabeln dienen müssen. Sie haben zwar auch Gabeln, aber diese haben nur zween Zakken. Ich mußte herzlich lachen, als ich sahe, wie unsre Damen und einige von unsren Herren die kleinen Erbsen, die man uns in dem Gasthofe auftrug, zwei und zwei aufspießten. Die runde Spizze meines Messers half mir weit besser dabei, und ich aß geschwinder. Man hielt uns für große Fresser, weil wir mehr Brod asen als Fleisch, und die Magd aus tem Gasthofe, die uns be

H 4   diente,

diente, legte es zornig auf den Tisch, zukte die Achseln und gieng davon.

Wir hatten viele Mühe, nur ein einzigmal Suppe zu kriegen, und — denken Sie — für uns fünfzehn brachte man ohngefehr so viel, als eine einzige Obstkrämerin zu Paris täglich für ihr Frühstük Kaffee trinkt. Der Salat gieng vor allen Speisen her; der Himmel hatte uns sehr beglükt, daß er uns eine Wirthinn gab, die so gütig war, das Fleisch für uns etwas mehr als nur zur Hälfte kochen zu lassen, und uns so viel Brod zu geben, als wir verlangten.

Bei Herrn Fall tischte man uns Obst, Eingemachtes, Bakwerk, Kuchen, eine große Maschine voll Thee, ferner Kaffee, Bier und Wein von verschiedenen Sorten auf; alles dies war auf einem Schenktisch gestellet, der nicht mit einem Teppich bedekt war. Aber die Tische sind auch alle so schön, daß es wahrlich Schade wäre, wenn man sie bedekken wollte. Sie sind fast alle von Akaju = Holz *), und wohl gewichset und poliret.

Die Fußböden aber nicht. Man begnügt sich, sie wie in Flandern und Holland, zu waschen und mit feinem Sande zu bestreuen.

Die

*) Der Akajou ist ein amerikanischer Gummi=Baum.

Die Zimmer sind nicht hoch, man findet wenige die zehn Fuß in der Höhe haben.   Die
Wände sind zum Theil mit einem Brustgetäfel
bedekt, und die obere Hälfte der Mauern ist
mit einer gleichen Farbe angestrichen, und nicht
tapeziert; doch zieht sich eine Einfassung von
Farbe um die Mauer her. —

Die Stühle, Sessel, Thüren sind alle von
Akaju-Farbe; aber falschen Schein liebt man
hier nicht; es muß alles ächt seyn.   Um einen Stuhl nach der Mode zu haben, darf man
hier nur 18 Livres anwenden, in Paris bezahlen Sie drei Louisd'ors, wenn Sie es sich bei-
kommen lassen, ihre Zimmer nach englischem
Geschmakke aufzupuzzen.

Auch nur wenig Spiegel findet man hier,
und gar keine auf den Kaminern, deren Ge-
simse nur zween Zoll breit ist.   Zwischen den
Fenstern hat man gewöhnlich ovale Spiegel.

Die Fenster sind enge und niedrig und zum
Aufschieben gemacht.   In dem Saale hat man
Teppiche unter den Füßen.   Die Vorhänge ziehen sich aufwärts und nicht in zween Theilen,
wie die unsrigen.

Wenn man Thee getrunken hat, schwazt
man mit einander, und die Unterhaltung mit

H 5   Eng-

Engländern ist gewiß nicht trokken oder schläfs
rig; sie war es auch nicht bei Herrn Fall, einem höflichen aber auch schlauen Manne, der
unsre französische Papagaien über alle Gegenstände, die ihm behagten, so frei schwazzen
machte, daß man aus ihrer Unbedachtsamkeit
hätte schliessen sollen, sie seien nicht über das
diesseitige Ufer hinaus geschritten. Er erman-
gelte auch nicht, ihre Schwazhaftigkeit auf die
Reise des Königs, und den Bau zu Cherbourg
zu leiten; und gewiß, er erfuhr bald mehr als
nöthig war; und wohl auch mehr als man ihm
sagte; denn der Mann scheint mir die Beute gut
errathen zn können.

Unterdessen ward er genöthigt, sich auf einen
Augenblik zu entfernen, und diesen benuzte ich,
um meinen lieben Landsleuten mehr Behutsam-
keit zu empfehlen; aber man sprach auch nicht
mehr davon.

Die Regierung der beiden Inseln, Jersey
und Gernesey wird gewöhnlich nur gebohrnen
Engländern anvertraut; aber die Landessprache
dieser Inseln ist verdorben französisch. Herr
Fall spricht unsre Sprache so geläufig, als ein
Höfling von Versailles, und kennt unsre Va-
terlandes-Geschichte so gut, als die brittische.
Er erzählte uns, daß man einst einen dieser
                                                    In-

Insulaner in guter französischer Sprache anrede-
te, und dieser in seiner Sprache antwortete: Er-
lauben Sie mein Herr, ich kann nicht Englisch.

Doch spricht jeder wohlerzogene Bürger dieser Insel die englische Sprache, indem sie auf
der Insel Wight *) oder in England selbst, dieselbe studiren.

Diejenige Bürger, welche in einigem Wohl-
stande leben, geben ihren Kindern eine doppelte
Erziehung. Sie schikken sie zuerst nach England,
und dann nach Frankreich. Zu Valogne **)
sind viele Schüler auf dieser Insel. Der Unterschied des Gottesdienstes ist ihnen hierinne kein
Hinderniß. Sie bequemen sich bei uns zu unsern Religions-Uebungen, wie zu unsern Ragouts;
kommen sie nach Hause zurük, so wenden sie sich
wieder zu ihrer Kochkunst und zu ihrem Glauben.

Sollten sie übrigens, mein Herr, auch von
dem gemeinen Vorurtheile eingenommen seyn,
daß so viele diese kleine Inseln für ein Kloak
der beiden Nationen, für einen Zufluchtsort von
Halun-

---

*) Diese englische Insel liegt auf der südlichen Küste
von England im Kanal.

**) Eine Stadt in der Normandie, nicht weit von
Cherbourg.

Halunken, Bankrottirern, und Dieben halten;
so bitte ich Sie geziemendst, auf mein Wort hin,
dieses Vorurtheil aus ihrem Gedächtnisse zu ver-
abschieden; denn von dieser ganzen Meinung ist
keine Silbe wahr. Die Sitten sind hier so lauter und anständig, als irgendwo. — Dies ge-
genseitige Zutrauen ist sehr gros, und nur selten hat man Ursache, es zu bereuen. Jedermann kennt einander. Warum sollte der Arme
stehlen, da man ihm sein Herz nicht verschließt,
und er versichert ist, ohne Gewaltthätigkeiten und
ohne Gefahr Beistand zu erhalten?

Ein Fremder kann hier wohnen, so lange es
ihm gefällt; aber niederlassen darf er sich hier
nicht.

Gegenwärtig liegt ein Detaschement von dem
70sten Regimente nebst einigen Artilleristen, als
Besazzung hier. Die englischen Soldaten gefallen mir sehr wohl. Die rothe Uniform ist wohl
schöner als die weiße.

Man erwartete hier täglich den Herzog von
Richmont. Seine Ankunft würde für uns sehr
angenehm gewesen seyn, da wir an den öffentlichen Ergözlichkeiten hätten Theil nehmen können.

Diese entgiengen uns, und bennoch genoßen
wir auch derjenigen Vergnügungen nicht, die

sich

sich uns anboten? Unsre Damen waren vom Morgen bis auf den Abend in den Kramläden. Die neuen Gegenstände, die sie hier sahen, waren bei der Schwierigkeit, sie herüber zu bringen, nur desto verführerischer für sie; sie handelten um Alles, und wagten es doch nicht, Etwas zu kaufen; und so wurden die Spaziergänge versäumt. Oft entschlupfte ich der Gesellschaft, um ganz allein mit meinem Sohne die umliegenden Gegenden zu besuchen.

Nahe bei St. Elie und an der nämlichen Bai *) liegt eine andere Stadt, die zwar kleiner, aber dennoch reicher und nahrhafter ist; es ist Saint=Aubin. Von dem Kirchthurme hier kann man sie herrlich übersehen, so wie sich die ganze Gegend vor den Blikken des Spähenden in ziemlicherm Umfange öffnet.

Wir kletterten auch auf einen Felsen, auf der Süd=Ostseite der Stadt, und fanden nicht ohne Erstaunen, drei alte plumpe Denkmäler daselbst, von der Art, wie man sie häufig in Bretagne siehet, und die man für Altäre der Druiden **) hält. Sie bestehen aus vier ungeheuer großen Felsstükken, von welchen drei die Wände und einer die Dekke ausmachen.

Unten

*) Eine Bai ist ein kleiner Meerbusen.
**) Priester der alten Gallier.

Unten an diesem Felsen ist der öffentliche Spa=
ziergang, la Corderie (die Seilerbahne) genannt,
wo sich Abends die Müßiggänger, Gekken und
Stuzzerinnen versammeln.   Wo giebt es wohl
nicht von diesen Geschöpfen? Die Stuzzer tragen
runde Hüte, die wie Zukkerhüte aussehen und
einen ganz schmalen Rand haben.   Die Stuz=
zerinnen tragen Hüte nach französischer Mode;
sie sind frisirt, aber nicht gepudert; des Puders
bedienen sie sich nur im Winter.   Was uns am
seltsamsten schien, sind die langen Tischtuchför=
migen Halstücher, welche die Frauenzimmer tra=
gen, und die ihnen bis auf die Fersen gehen.
Wir hätten diesen grotesken Puz für Servietten
gehalten, wenn man sich deren in dem Lande be=
diente; wir wußten sie daher mit nichts anderm,
als mit Tischtüchern zu vergleichen.   Einige tra=
gen solche Mänteln ähnliche Bedekkungen von
Perse, und wir konnten sie nach ihrem Umfange
für nichts anders, als für Bettdekken halten.
Ob diese Mode bis nach Paris dringen wird,
weis ich nicht; wenigstens das weis ich, daß sie
nicht hübsch ist.

Die Insel ist übrigens sehr wohl bevölkert;
ob sie aber, wie einer unsrer Geographen an=
giebt, fünf und dreißigtausend Einwohner hat,
kann ich nicht bestimmen.

Ehe

Ehe ich noch dies Land verlasse, wo man um
drei Uhr, öfters auch um vier Uhr zu Mittag
speißt, muß ich Ihnen wohl noch ein kleines
Pröbchen von der Klugheit der Engländer geben.

Glauben Sie wohl, mein Herr, daß nur die
Armen hier des Holzes zum Brennen sich bedie=
nen, und die Reichen statt desselben Steinkohlen
auf prächtigen Rösten brennen? Ja, es ist der
Regierung gelungen, durch den feinsten Kunstgriff
die Steinkohlen über das Brennholz zu erheben.
Sie hat die ersten zu einem Gegenstande des
Luxus und der Eitelkeit gemacht; dadurch erreicht
sie einen doppelten Zwek; die Steinkohlen=Gru=
ben behalten ihren Werth, und das Holz wird
zum Häuser= und Schiffsbau aufbewahret. Kaum
erlaubt man sich hier, die Zäune zu beschneiden,
und keiner untersteht sich, einen Baum umzu=
hauen, ohne drei andre dafür zu pflanzen. Dies
fordert das Gesez; aber man bedarf dessen nicht.
Ein jeder ist stolz auf seine Bäume, und so bringt
die Eigenliebe hier die schönsten Früchte.

Der Pracht=Aufwand der Engländer trägt
sein besonderes Gepräge; er bestehet nicht, wie
bei uns, in tausend unbedeutenden Tändeleien,
die man täglich abändert. Er erstrekket sich im
Gegentheil auf Bequemlichkeit. Die Engländer
ver=

verachten allen weibischen Puz, und lieben dafür
das Solide.

Die Engländer tragen ihre Speisen nicht in
kleinen flachen Plättchen, sondern in großen por=
zellanenen Schüsseln auf; und was noch herrli=
cher ist, sie trinken ihren Wein nicht aus kleinen
Gläschen, und warten nicht bis ihre Bedienten
diesen ihnen kredenzen! — Da stehen volle Schüs=
seln und große Flaschen, die nach der Reihe her=
umgehen! — Hoch leben die englischen Sitten! —

Die Franzosen waren auch mehr werth, als
sie noch tranken, nicht schlürften, und nichts als
Braten aßen; die neumodische Sitte im Essen
und Trinken macht melancholische Leute, und
die liebe ich nicht!

X.

Nachrichten
von
Georgien.

Kurzer Auszug
aus der im Jahre 1733. herausgekommenen
Beschreibung von Georgien
als
Einleitung zu nachstehender Beschreibung.

Unter den verschiedenen Mitteln, durch welche man denen, so im Unglük sind, zu Hülfe
kommen kann, sind diejenigen die besten, durch
welche man nicht allein ihrer gegenwärtigen Noth
abhilft, sondern auch für ihre zukünftige Glükseligkeit Sorge träget. In dieser Absicht haben
Ihro Königl. Majestät von GroßBritannien,
Georg der andere, einen großen Strich Landes
in Karolina in Amerika, so künftig Georgien
soll genennet werden, zum Behuf und zum Un-
ter-

J

terhalt der Armen Dero Königl. Großbritanni-
schen Reichs, als auch solcher auswärtigen Pro-
testanten, so der Religion wegen aus ihrem
Lande haben ausgehen müssen, oder auszugehen
Erlaubniß erhalten, geschenket. Und ist die
Verwaltung dieses Landes an gewisse Standes-
Personen und andere vornehme Edelleute über-
geben worden, welche ohne einigen Genuß, ihre
Zeit und Fleiß zur Ausführung dieses heilsamen
Werkes anwenden.

Karolina (wovon das Land Georgien ein
Theil ist,) hat allerlei Lebens-Mittel, als Rehe,
Hasen, und zahmes Vieh, Fisch und Federvieh
von verschiedenen Arten, das beste Obst, In-
dianisches Korn, Reiß, und allerlei Europäi-
sches Getreide. Das Klima, die Revier oder
Gegend ist bekanntlich sehr gut, und es sind
Leute da, welche die neuankommenden, zu welcher Zeit sie nach der Beschaffenheit des Klima's
oder der Gegend, und auf welche Art sie das
Land, welches sehr fruchtbar ist, zu bauen haben, anweisen können. Es liegt ohngefähr 32
Grad nördlich. Die Luft ist allzeit klar, gelin-
de und gesund. Georgien aber insonderheit liegt
in Absicht auf die Kolonien, die wir jezo in
Karolina haben, Südwärts, und wird von ihnen nur durch den Fluß Savannah abgesondert,
wel-

welcher also die nördliche Grenze von Georgien
giebt; und nach Süden macht der Fluß Aka-
tamaha die Grenzen davon. Diese beide Flüsse
sind groß und schiffbar, an der Seeküste laufen diese Flüsse ohngefähr 70 Englische Meilen
von einander. Nach dem Lande zu erstrekket
sich dieses Gebiet, von der See bis nach dem
Apalachischen Gebirge, ohngefähr 300 Englische
Meilen, und die Breite von dem Lande nimmt
zu, je näher man zu gedachten Bergen kommt,
woraus diese Flüsse entspringen Das Land ist
gegenwärtig voll Eichen, Föhren, Zypressen,
Buchen, Pappeln, Zedern, Kastanien, Wall-
nüsse, Lorbeerbäume, Aepfel, Pfirschen, Maul-
beeren und vielen andern fruchtbaren Bäumen;
über das hat es auch Weinstökke, welche hie-
selbst sehr wohl gedeihen. Und weil es sowohl
ein angenehmes als fruchtbares Land ist, könnte
es in kurzer Zeit so schön und nuzbar als eine
von den besten auswärtigen Kolonien gemacht
werden, wenn eine gehörige Zahl Arbeiter dazu
emploirt würde. rc.

Damit die Einwohner von Georgien sich unter einander desto besser Beistand und Nuzzen
leisten können, so wird es so eingerichtet werden, daß sie nicht weit von einander, und dazu in Städten wohnen können. In jeder Stadt

hun-

hundert Familien. Eines jeden Land wird in
drei besondere Theile eingetheilt werden, und
zwar ein Theil für ein Haus und Hofraum in
der Stadt, ein Theil für einen Garten nahe
bei der Stadt, und der dritte Theil für einen
Akker, Hof und Viehzucht etwas weiter entfer=
net. Zu Aufbauung der Häuser und Reini=
gung des Landes werden die Kolonisten sich un=
ter einander gemeinschäftlichen Beistand und
Hülfe leisten.

Die Einwohner dieses Landes haben sich ge=
genwärtig keiner Feinde zu besorgen, denn in=
nerhalb 400 Meilwegs sind sehr wenige India=
nische Familien, und dieselben in größter Einig=
keit mit der Englischen Nation. Port=Royal,
allwo die königliche Kriegsschiffe liegen, ist nur
30, und Charles=Stadt, eine große Marktstadt,
nur 120 Englische Meilen davon entfernt. Soll=
te das Land von jemand wider alles Verhoffen
und unvermuthet angefallen werden, so kann es
allezeit zur See von Port=Royal, oder von
der Insel Bahamas, woselbst sich eine starke
Garnison und allezeit einige Kriegsschiffe auf=
halten, und zu Land durch die Miliz von Süd=
Karolina unterstüzt werden.

Weil nun die Hochlöbliche Herrn Kommissa=
rii das Wohlseyn der Kolonie und die Wohl=
fahrt,

fahrt, Unterhaltung und Beschüzzung der Einwohner von Georgien sonderlich bei der Ge-
wissens-Freiheit und dem freien Religions-Exer-
zitio zu ihrer vornehmsten Bemühung machen,
auch alles beitragen werden, Tugend und Got-
tesfurcht zu befördern, hingegen der Bosheit,
Untugend und Gottlosigkeit zu steuren: so werden sie in wenig Jahren ein blühendes und
recht glükliches, nicht weniger zu aller Zeit ein
freies Volk seyn und bleiben,

———

J 3   Bericht

Bericht
von
Georgien
und den dasigen Indianern.

Aufgesezt
von

Hrn. von Rede, welcher als Kommissarius
im Jahre 1733. den ersten Transport
Salzburgischer Emigranten nach
Georgien führte.

Georgien liegt im 32 Grad. Der große Ozean
gehet an die Ufer von Georgien; die Grenzen
von Süd-Karolina und Georgien machet der
Fluß Savannah, welcher von Austern, Stören
und andern Fischen wimmelt und zur Seite gro-
se Wälder hat, darinn die Bäume ein recht hohes Alterthum und gleichsam die ersten Zeiten
der Schöpfung vorstellen. Der Fluß Alatamaha
scheidet Georgien von den spanischen Kolonien.
Es lieget also diese Provinz auf dem vesten Lande. Die Luft ist gesund, und kann, wenn man

die

die Moräste austroknet, und den Wald mehr
niederhauet, daß der Wind durchstreichen kann,
noch verbeffert werden. Das Klima ist warm,
und im Monat Junio, Julio und Augusto heiß,
dagegen die Nächte sehr kalt sind. Sonst ist
daselbst gleichsam ein beständiger Frühling, und
wenn gleich zur Winterszeit des Morgens ein
Reif fället; so schmelzet doch solchen die Sonne
in etlichen Stunden wieder weg, so daß man
Winter und Sommer in dem Akker arbeiten
kann. Die Ufer am Meer, und an den Flüssen
sind sehr niedrig. Doch findet man auch hohes
Land und Hügel, wenn man weiter ins Land
gehet. Das Erdreich ist hin und wieder ziemlich fruchtbar; doch ist der Boden sehr unterschieden. Man findet einen sandichten Boden, einen leimichten Boden, einen schwarzen schweren
und fetten Boden, und Moräste, wo es sehr
wässericht ist. Jeder ist zu seinem Zwek nützlich.
Der sandigte Boden ist zu Winterszeit, da es
am näffesten, am fruchtbarsten, und zu allerhand Wurzeln und Garten-Gewächsen, auch zu
Tabak sehr brauchbar. Der leimichte dienet
zum Akkerbau, und Ziegel daraus zu brennen.
Der schwere Boden ist gut zu Indianischem Korn
und allerhand Getreide, auch Hanf und Flachs
zu bauen. Die Moräste und wässerichten Oer-

J 4   ter

ter sind die besten zum Reißbau, welcher hier
die einträglichste und nüzlichste Frucht ist.

Die Waldungen bestehen mehrentheils aus
Föhren oder Fichten, Eichen, deren man vielerlei Arten antrifft, Hicrien, Boy-Holz, welches
treffliche Adern hat, und sehr schwer ist, Ce-
dern, Zypressen, Wallnuß-Bäumen, Maulbeer-
Bäumen, die sehr saftige und gute Beeren tragen, wilden Orange-Bäumen, welche aber keine
Frucht haben, Lorbeer-Bäumen, weissen Zimmet-
Bäumen, Kabitsch-Trees, oder Kohl-Bäumen,
welche Blätter wie eine Aloe tragen, die man
kochet, und einen Geschmak wie ein weisser Kohl
haben, Ellern ꝛc. Die Bäume sind ausserordent-
lich dikke, und von 60 bis 100 Fuß hoch, und
es giebt unter den Föhren treffliche Mastbäu-
me; wie man denn auch von eben diesen Bäumen das Pech und Terpentin in großer Quantität sammlet. Die Wälder sind voller wilden
Weinstökke, deren Reben sich bis an den Gipfel
der Bäume hinaufschlingen, und die vielmal so
dik als die Bäume sind. Die Trauben sind
sauer, doch weiß man schon aus der Erfahrung,
daß sie süsse werden, wenn man die wilden Reben in frische Erde, wo sie beständig Sonnen-
schein haben, senket, und fleißig bauet. Man
findet in den Wäldern viel Sassafras-Bäume,
deren

deren Wurzel nützlich zu gebrauchen ist; ferner
die Wurzel China, Indianische Feigen, von
welchen man die Cochenille-Würmchen sammlet
und eine schöne Farbe davon macht; Kräuter,
aus welchen man den Indigo ziehet; eine Art
Stauden, Myrtel genannt, die grüne Beeren
tragen, so man abpflücket, kochet, das oben-
schwimmende, so ein grünes Wachs, abnimmt
und Lichter davon macht: von 2 Scheffeln bekommt man etwa 25 Pfund; ferner ein Gras,
so man Silk-Gras nennt, ist sehr lang und so
zähe, daß man es statt der Strikke gebrauchen
kann; ein Indianischer Pfeffer, welcher sehr
heiß und stark ist. Es ist auch Wild genug in
den Wäldern, besonders Hirsche, Rehe, wilde
Ziegen, auch Hasen, Eichhörnchen, Büffels,
welche nicht so groß wie ein Ochse, 2 Hörner,
und eine Wolle wie ein Schaf haben; Bären,
Wölfe u. s. w. ferner wilde Indianische Häh-
nen und Hühner, Rebhühner, Papagayen, Adler, und viele andere Sorten theils bekannter
theils unbekannter Vögel.

In denen Flüssen, die eine Kommunikation
mit der See haben, findet man See-Krebse,
Krabben und Humber, Austern, die süßer denn
die See-Austern sind, auch Delphins, so die
Engländer Porpus nennen. Weiter hinauf ins

Land

Land fänget man in den Flüssen Störe, Aale, Catt-Fisch, so ein trefflich wohlschmekkender Fisch ohne Schuppen ist, und einen großen breiten Kopf hat, Baarse ꝛc. Schildkröten, Krokodile, die einige von den Indianern auch essen. Man pfleget, wenn sie getödtet, ein paar Bläsgen, so man in dem dikken Fleisch unter dem Rachen findet, auszuschneiden, die wie Moschus riechen. Man höret nie, daß ein Krokodil hier einem Menschen Schaden gethan habe, wiewohl sie öfters ein erschrökliches Geheule machen, und ein fürchterliches Ansehen haben. Der Schild oder Panzer auf dem Rükken ist so dik, daß keine Kugel durchdringet. Die Indianer wissen ihnen leicht beizukommen, und treffen sie unten oder an den Kopf. Es finden sich auch hier Fischottern. Die Rabbel- oder Klapper-Schlangen sind sehr gefährlich, wenn man ihnen zu nahe kommt, und sie etwa rege macht. Wenn sie eine Ader verlezzen, so ist der Mensch in etlichen Minuten todt. Sie sind sehr groß und stark, haben hinten am Schwanze 12, 70, 20 und bisweilen mehr Schellen, womit sie rasseln, wenn sie sich bewegen. Es hat die Güte Gottes auch gegen ihre tödtlichen Bisse eine Wurzel in diesem Lande geschaffen, die fast jedermann kennet, und wenn sie zeitig auf die Wunde gelegt wird, solche heilet. Man observiret,

daß,

daß, wo viele Schweine sind, die Rabbelschlan-
gen sich verlieren, denn die Schweine kämpfen
mit ihnen, und weil ihre Stiche durchs Fett
nicht dringen: und also den Schweinen nicht
schaden, so überwinden sie gemeiniglich, und
fressen die Schlangen.

Eine Art sehr kleiner Fliegen inkommodiren
die Fremden gar sehr, indem sie so empfindlich
beissen, daß die Leute im Anfange ganz schwel-
len. Mit der Zeit aber wird man es gewohnt,
und thun sie einem nichts mehr, wenigstens
empfindet man nichts mehr davon.

Sonst ist diese Provinz in einem so guten
Klima gelegen, daß man alles das, was in
West = Indien, Jamaika und Barbades rc.
wächset, als Zukker, Zitronen, Limonen, Pfeffer, Baumwolle, Thee, Kaffee, Ananas rc.
und über dem Oliven, Wein, und Seidenbau,
wozu die Natur selbst Gelegenheit giebt, unter
göttlichem Segen darinn pflanzen kann. An
einigen Orten findet man eine große Menge Aus-
sterschalen, davon man einen weissen und zum
Bauen sehr brauchbaren Kalk macht.

Die Häuser werden hier jezo alle von Holz
gebauet, weil keine Steine in Georgien zu finden, bis man Zeit haben wird, Ziegelsteine zu
bren-

brennen. Man bauet die Häuſer wegen der
großen Orkane, die ſehr gewaltig ſind, nicht
höher, denn ein Stokwerk mit einem Boden.

Man macht hier ein Bier, ſo die Engländer
hochhalten, und es Spruß-Bier nennen; man
nimmt die Gipfel von jungen Bäumen, die faſt
wie *) Tannen ausſehen, ein wenig Saſſafras
und Indianiſch Korn, kochet das zuſammen,
und dann thut man ein wenig Sirup dazu; ſo
iſt es fertig. **)

An dem Fluß Savannah haben die Engländer eine große Stadt ausgeſtekt, die ſie auch
                                        Sa-

*) Eine Gattung von dieſer amerikaniſchen Sproß-
   tanne (Spruce-tree) aus der Bier gebrauet
   wird, findet ſich auch in Neu-Seeland. S. For-
   ſters R. u. d. W. 1r B. Seite 98. — A. d.
   Her.

**) Von den übrigen Vortheilen dieſes Landes kann
   auch des Herrn Purry Werkchen: kurze Be-
   ſchreibung von dem gegenwärtigen Zu-
   ſtand von Süd-Karolina; welches Anno
   1732. in Neufchatel herausgekommen, nachgeleſen
   worden. Ermeldter Herr Purry war ſelbſt in den
   Jahren 1730. und 1731. in dem Lande, kam aber,
   nachdem er alles wohl geprüfet, zurük, gab genannte Schrift heraus, und gieng ſodann wiederum mit verſchiedenen Familien hinein.

Savannah nennen. Sechzig bis siebenzig Häu=
ser sind bereits in guter Ordnung gebauet, auch
schon artige Gärten dabei angeleget. Die Stadt
liegt am Ufer des Flusses gleiches Namens, ist
regulär gebauet, und in 4 Viertheile getheilet.
In jedem von diesen ist ein weitläufiger vier=
eckigter Plaz gelassen, Märkte daselbst zu hal=
ten, oder zu anderm gemeinen Gebrauch anzu=
wenden. Die Gegend ist lustig, die Straßen
sind breit, und gerade nach der Linie gezogen;
die Häuser alle nach einem Modell, Symmetrie
und Proportion, und nach der Beschaffenheit
des Landes wohl angelegt. In Ansehung der Zeit,
da sie aufgebauet worden, ist sie sehr volkreich.
Alle Einwohner sind weiß, und der Segen Got=
tes hat alles Unternehmen bisher herrlich beglük=
ket. Der Fleiß wird gelobet, Gerechtigkeit oh=
ne Ansehen gehandhabet; hingegen Wollust und
Müssiggang, so viel als möglich, von diesem
Orte verbannet. Der Uneinigkeit und Händeln
wird durch gute Ordnung und eine nächtliche
Wacht begegnet, und verschaffet den milden Ar=
beitern einen sichern Schlaf mitten in der Wild=
niß. Der Herr *) Oglethorpe hat eine Allee
iu

*) Herr James Oglethorpe, ein besonderer Wohl=
thäter und Beförderer der Georgischen Kolonie.
Mehr von ihm findet man in der angezeigten
Ausführlichen Nachricht ꝛc.

in dem Walde hauen laſſen, welche zu einem
großen Garten nahe bei der Stadt führet, der
auf Befehl der Herrn *) Truſtees angelegt worden, und worinn man allerhand Verſuche und
Experimente mit verſchiedenen Gewächſen und
Bäumen, und was ſonſt zum Akkerbau und Bo-
tanik gehöret, vornimmt, ob ſie hier wachſen
wollen. Er begreift zehn Akker Land: liegt an
dem Fluſſe, iſt gereiniget, und in einen guten
Stand geſezt, daß man ſchon eine artige Baum-
Schule von Orange = Oliven = weiſſen Maulbeer-
Feigen = Pfirſchen = Bäumen, eine große Menge
fremder kuribſen Gewächſe und Kräuter darinn
antrifft, der Europäiſchen Früchte, Pflanzen,
Kohl, Erbſen ꝛc. welche alle wohl bekommen,
zu geſchweigen. Mitten in dem Garten iſt ein
gekünſtelter Hügel, davon die Indianer erzählen, daß er über den Körper eines ihrer älte-
ſten Kaiſer aufgerichtet ſey. Die vorgedachte
Stadt Savannah liegt etwa 18 Engliſche Meilen

---

*) Truſtées for Eſtablishing the Colony of Georgia
in America, bies iſt der Titel einer im J. 1732.
in London neu errichteten Geſellſchaft, die durch
ein vom König ertheiltes und vom Parlement be-
ſtätigtes Patent bevollmächtigt wurde, die Provinz Georgien, nunmehr eine der XIV. vereinigten Staaten, zu bevölkern und einzurichten. (S.
Hrn. Urlspergers Vorbericht. S. 5.)

len von der See; doch sind die größten Schiffe bis hieher in den Fluß herauf kommen. Es ist besonders, daß die Juden in Savannah aller Freiheiten wie andere Einwohner geniessen, sie haben Land umsonst, sie arbeiten fleißig, sie ziehen, wenn sie die Reihe trifft, mit Ober= und Unter=Gewehr auf die Wache, machen auch ihre Kriegs=Exercitia so gut als die Engländer. Gott schenke ihnen auch die Freiheit der Kinder Gottes in seinem lieben Sohn Jesu Christo! Amen.

Vierzehn Meilen von Savannah weiter ins Land liegt Josephs=Town, auch an dem Savannah=Fluß, so eine Kolonie von Schottländern ist, die fleißig arbeiten.

Sieben Meilen von Josephs=Town liegt Aberkorn, so ein kleines Dorf von Englischen Kolonisten ist, am Aberkorn=Fluß gelegen.

Zwölf Meilen von Aberkorn gehet man zu Lande nach EbenEzer, wohin Gott unsere Salzburger geführet. Daselbst ist an dem Eben= Ezer=Fluß eine Stadt ausgestekt. Gott wolle den angefangenen Häuser= und Akkerbau in vielem Segen fortgehen lassen. Eine kurze Beschreibung von der Gegend zu geben, so ist dieselbe mit zween Flüssen eingeschlossen, welche sich in die Savannah ergiessen. Der Salzbur-

ger

ger Stadt ist an dem breitesten Fluß angeleget, welcher wie die Stadt Eben-Ezer genannt worden, zu einer ewigen Erinnerung, daß uns Gott bis hieher geholfen! Er ist schiffbar, und zwölf Fuß tief. Ein kleiner Bach, dessen Wasser so klar ist, als ein Crystall, fließet mit einem sanften Geräusche auf der einen Seite der Stadt; ein anderer mit einem stärkern durch dieselbe, beide in den Fluß Eben-Ezer. Der Wald ist hier nicht so dick, als an andern Orten. Die angenehmen Westwinde erhalten eine kühle Erfrischung, ohnerachtet der großen Sonnen-Hizze. Man findet daselbst schon schöne Wiesen, auf welchen man eine große Quantität Heu mit weniger Mühe machen könnte; Hügel, so gut zu Weinbergen. Die Zedern, Wallnuß-Bäume, Föhren, Zypressen und Eichen machen den größten Theil des Waldes aus. Die Myrten-Stauden, so man sehr häufig antrifft, tragen grüne Beeren, aus welchen man, wie vorgedacht, durchs Kochen ein grünes Wachs nimmt, so zum Lichterziehen sehr dienlich ist. Sassafras, die Wurzel China und Kräuter, wovon man den Indigo macht, siehet man hier in groser Menge. Es ist daselbst auch viel wilder Wein, und die ganze Gegend so bequem und gut, daß man in vollem Galopp ohne Aufenthalt viele Meilen reiten mag. Was die Jagd an-

anlangend, so giebt es hier Adler, wilde Indianische Hahnen, Rehebökke, Hirsche, Schmahl-Thier, Gemsen, wilde Ziegen, wilde Kühe, Pferde, Hasen, Rebhühner, Büffel Ochsen. ꝛc. Die nächsten Nachbarn von Eben-Ezer sind die Spanier und Franzosen. Es liegen aber große Wildnisse, Moräste und Flüsse dazwischen, so daß man keine Kommunikation mit ihnen hat. Jezt sind die Indianer der Engländer ihre Alliirten und Freunde, deren 100 ein feindliches Corps von 2. bis 3000 Mann in kurzem aufreiben können, eines Theils, indem sie ihnen, weil sie des Landes kundig, den Proviant abschneiden, so daß sie Hungers sterben müssen; andern Theils, indem sie hinter den Bäumen ihre Kriege führen, da sie sich in das Rohr, welches wie Bäume groß ist, und in die Moräste verstekken, und den Feind mit List überfallen.

Die Einrichtungen von Georgien, so die Herrn Trustées veranstaltet, sind sehr löblich, christlich und dahin gerichtet, daß auch ein armer Mensch, der die Wohlthaten der Salzburger nicht genießet, sondern auf seine eigene Kosten hinüber gehet, dorten, wenn er arbeiten will, seinen nothdürftigen Unterhalt finden kann. Denn 1.) schenken sie ihm 50 Akker Land. Wer

K　　　　　also

also nur seine Paſſage bezahlen kann, ſo etwa
10 bis 12 Pfund Sterling ausmachen wird,
der kann dort gar wohl zurecht kommen. Denn
da 2.) in Georgien aller Schwarzen = Handel
verboten iſt, *) ſo findet ein Weiſſer da tägliche
nnd beſtändige Arbeit, welche ihm ſehr theuer des
Tages mit 3. 4, 5 Schilling, ſo bei 2 Gulden
30 Kreuzer beträget, bezahlet wird. Dahinge=
gen die, ſo in andere Länder von Amerika zie=
hen, wo der Sklaven = Handel eingeführet, de=
nen Sklaven, wo ſie anders leben wollen, gleich
arbeiten müſſen. Ein Herr, der viel Schwarze
hat, läßt ſie ein Handwerk lernen, und die
nicht dazu taugen, müſſen den Akker bauen.
Jeder ſtekt ſich in Schulden, um einen Skla=
ven zu kaufen, denn ohne dis kann er nicht le=
ben. Weil nun alles mit Negern beſezt iſt,
die

*) In Karolina, welches an unſere Provinz ſtö=
   ſet, kaufen ſich die Leute Negern, die aus Afrika
   nach der Haupt = Stadt Charles = Town zum
   Verkauf häufig gebracht werden, welche alle Ar=
   beit verrichten müſſen. In unſerer Provinz aber
   gehet dies nicht an, indem die Leute nicht nur
   zur Anſchaffung der Sklaven zu arm ſind, ſon=
   dern es auch keinem erlaubt wird, weil ſie den
   Spaniern gar zu nahe wohnen, mit welchen die
   an ſich untreue und tükkiſche Afrikaner leicht ein
   heimliches Verſtändniß anrichten, und ſonſt gro=
   ſen Schaden thun können.

die sehr sauer Tag und Nacht, ja so gar den
Sonntag, welches erschröklich, bei kümmerlicher
Unterhaltung arbeiten müssen; so muß ein Weisser in diesen Ländern, wenn er keinen Sklaven
kaufen kann, selbst einen Sklaven abgeben, und
ihm gleich arbeiten. Georgien hat also hierinn
einen grosen Vorzug, daß ein fleißiger Arbeiter
unter Gottes Segen hier sein Brod erwerben
und sich bald in den Stand sezzen kann, eine
eigene Haushaltung anzulegen.

Was endlich den III. Punkt wegen den Wilden anbelangt, so kann man die Indianer in vielen Stükken mit den alten Teutschen vergleichen,
wie sie Tacitus beschreibet. Sie sind mäßiger
Natur, robust und stark. Ihre Haut ist schwarz-
gelb, welches nicht sowohl von der Sonne, als
vielmehr von ihrer unordentlichen Lebensart her-
kommt. Das Gesichte färben sie mit allerhand
Farben, sonderlich schwarz mit roth schattiret.
Wenn sie gegen ihre Feinde in Streit ziehen,
bekleistern sie das ganze Gesicht mit allerhand
Farben, so wie sie am besten meynen, sich gegen ihre Feinde ein fürchterliches Ansehen zu
machen. Sie gehen allezeit mit entblößtem
Haupte, tragen durchgehends ein kurzes schwar-
zes Haar, welches sie auf dem Wirbel etwas
abstuzzen. Wenn sie in ihrem Puzz erscheinen,

psie

pflegen sie auf dem Kopf kleine weiſſe Federn zu
ſtreuen, die Ohren mit Federn zu beſtekken, ſo
sie als ein Zeichen der Tapferkeit halten, und
ihre kurzen Haare mit einem rothen Bande ein-
zubinden. Ein jedes Volk hat ſeine eigene Art
die Haare zu ſchneiden, dadurch ſie eines von
dem andern unterſcheiden. Im Kriege ſchneiden sie den Ueberwundenen den obern Theil des
Kopfhaares ab, um zu ſehen, aus welchem
Volk und Stamme sie ſeyen.

Die meiſten Männer und Weiber ſind am
Halſe, Geſichte und Leibe ſtrichweiſe gezeichnet,
tragen um den Hals Korallen, und in den Ohren Ringe, oder wie gedacht, bunte Federn.
Für ſolchen Zierrath, ingleichen für Meſſer ꝛc.
geben sie Wildpret, welches sie ſelbſt ſchleſſen.
Sie tragen keinen Bart, und so ihnen etwas
wächſet, reiſſen sie es aus. Statt der Bein-
kleider, welche sie für unanſtändig halten, bedekken sie ſich mit einer kurzen Dekke, und ihren Leib hüllen sie zuweilen in eine Hirſchhaut
oder in eine wollene Dekke ein. Wenn sie auf
die Jagd gehen, tragen sie ſehr weite wollene
Kamaſchen, so vom Fuß bis an die Lenden her-
aufgehen, welche sie gegen die Raddelſchlangen
verwahren, die durch ein dick wollen Tuch
nicht beiſſen können. Ihre Schuhe ſchneiden sie

aus einer Hirschhaut, und schnüren sie an die Füsse.

Die Weiber sind ganz bekleidet, fast wie in Teutschland die Bauer-Weiber: welche aber keine Kleider haben, bedekken sich ganz mit einer wollenen Dekke, und bezeigen darin mehr Schamhaftigkeit, als die Englischen Dames. Sie gehen auch mit entblößtem Haupte, und flechten ihre Haare ein, welche aber die Wittwen um und in das Gesichte fliegen lassen.

Die Indianer glauben, daß alle Völker von zween Vätern herkommen: Sie von einem rothen, und die andern Menschen von einem weissen Vater; und gleichwie jener ein Jäger, dieser aber ein Akkermann und ein Einwohner der Städte gewesen, so käme ihnen zu, in Wäldern zu wohnen, und sich vom Jagen zu nähren. Andere aber könnten in Städten ihre Handthierung treiben; womit sie vielleicht auf die Historie von Esau und Jakob zu zielen scheinen. Sie glauben auch, daß wir einen grosen Helden zum Wohlthäter haben, dem zu Ehren sie auch, ob sie ihn wohl nicht kennen, Lieder absingen.

Ferner halten sie dafür, daß sie alle von einem adelichen Geblüte abstammen, daher sie

K 3   sich

sich wohl in acht nehmen, daß sie nichts unge=
schiktes, und einem Edelmann unanständiges be=
gehen, auch dabei sich einbilden, daß ihnen
nichts besser anstehe, als jagen, fischen, schwim=
men, und Kriege führen, worauf sie sich von
Jugend an mit äusserstem Fleiß legen, auch ei=
ne solche Geschiklichkeit im Schiessen, und das
Wild zu verführen, besizzen, daß sie niemalen
ihren Schuß verfehlen. Sie arbeiten nicht,
bauen auch den Akker nicht, als welches sie ih=
res adelichen Gebluts wegen für sklavisch, und
noch mehr für eine Schande halten, um einen
Miethlohn zu dienen; daher derjenige ihr Freund
nicht ist, der sie zur Arbeit nöthiget. Dagegen
leben sie bloß von der Jagd und Fischerei. Sie
führen oft Kriege, aus bloßer Ehrsucht, dabei
sie niemals ihre Grenzen zu erweitern oder Land
zu gewinnen suchen. Sie lassen sich gerne lo=
ben, ob sie es gleich von sich abwenden, und
andere sich vorziehen. Unter einander geben sie
sich bei verschiedenen Zeiten und Umständen al=
lerhand Ehren=Namen, welches gleichsam Præ-
mia und Belohnungen sind, wodurch die jungen
Leute zur Tapferkeit, Fleiß, Treue, und an=
dern Tugenden aufgemuntert werden sollen.
Wer sie an ihrer Ehre beleidiget, auf den wer=
fen sie unversöhnlichen Haß. Die Alten sind
bei ihnen in grosen Ehren; daher man mit ih=
nen

nen zuerst reden, oder ihnen etwas schenken muß, ehe man sich zu den jungen Leuten wendet. Die Geschenke theilen sie gleich unter sich.

Ihre Wohnungen sind kleine Hütten, mit Baumrinde oder Fellen bedekt, unter welche sie sich bei einem guten Feuer herumlegen. Sie verändern ihre Wohnungen oft, und halten dies menschliche Leben viel zu kurz Häuser zu bauen, die mehr den Nachkommenden als den Bauenden zu Nuzze kämen; dabei wollen sie sich nicht der Freiheit, einen Ort, der ihnen nicht mehr anständig, zu verlassen, berauben.

Ihre Handlung besteht in Fellen und Pelzwerken, die sie an die Englischen Kaufleute gegen Reiß, Rum, so eine Art Prantewein, und wollene Tücher vertauschen. Geld und Gold nehmen sie nicht, ist ihnen auch ganz unbekannt.

Alle Indianer theilen sie in vier Völker, davon die Creeks die civilisirteste und stärkste Nation ist, und einerlei Sprache haben soll. Dieses ist die Nation, welche die Nachbarn von Eben-Ezer sind, und viel Redlichkeit, Willigkeit, Wahrheit, uninteressirtes Wesen, auch besondere Dankbarkeit von sich spüren läßt, wie aus einem und dem andern folgenden Exem-

pel

pel erhellen wird.   Unter den andern Völker=
hingegen findet man viel Rauben, Stehlen,
Lügen, Unzucht rc. Diese Coreeks=Nation wird
von verschiedenen Königen regiert, welche durch
eine besondere tapfere Aktion diesen Vorzug oder
Titel erwerben müssen. Der König ist sonst in
nichts von seinen Unterthanen unterschieden, er
isset, trinket, schläft, und lebet gemeinschaft=
lich mit ihnen. Er regiert nur durch einen gu=
ten Rath, welchem sie jedoch genaue Folge lei=
sten.   Bei ihren Berathschlagungen stellet der
König die Sache den alten Leuten vor, die Al=
ten den Jungen, und dann kommt es zur Exe=
kution. Sie widersprechen sich nicht unter ein=
ander, sondern folgen, oder wenn es nicht ge=
schehen kann, so erzürnen sich deswegen die Al=
ten nicht über die Jüngern. Der Könige Amt
ist, daß sie die Zeit etwas eintheilen, ansagen,
wenn es gut ist, auf die Jagd zu gehen, Spei=
se einzusammeln rc. item, sie müssen die Kran=
ken verpflegen, Arznei geben, Witwen versor=
gen.   Ist einer seinem Amte nicht gewachsen,
so wählen sie einen andern. Der Weiseste ist
ihr König. Von diesem sind diejenigen, so das
Kommando in Kriegszeiten führen, unterschie=
den. Dem Könige geben sie den Zehenden von
allem. Wird ihm etwas geschenkt, so behält
er

er es nicht, sondern theilet es unter alle, so,
daß für ihn nichts überbleibet.

Darauf bekommt er den zehnten Theil. Sie
handhaben eine ordentliche Gerechtigkeit, beob=
achten das Wiedervergeltungs=Recht, bestrafen
die Laster, zum Exempel, den Ehebruch mit
Nasen und Ohren abschneiden, die Hurerei mit
Ohren und Haare abschneiden; die Lügen so,
daß niemand mit einem Lügner essen, trinken
oder ihm die Hand geben will rc. Sie sind
sehr mitleidig, wie aus diesem Exempel zu se=
hen: Der Indianer König Tomo Chachi *)
hatte vernommen, daß in einer Englischen Ko=
lonie viel Leute krank lägen, und einen Mangel
an frischer Provision hätten; er machte sich da=
her mit 10 Indianern auf, gieng auf die Jagd,
und bekam viel Wild, welches er dahin bringen
ließ. Als er aber hiernächst hörete, daß wenig
den Armen davon zu gut gekommen sey, gieng
er abermal auf die Jagd, und was er geschos=
sen, theilte er selbst unter die Kranken und Ar=
men aus. Wie man ihn deswegen befragte, gab
er zur Antwort: Es wäre das erstere nicht wohl

K 5   an=

*) König der Creeks=Indianer, der im Jahr
1733. mit seiner Familie in London war. S.
Hrn. Urlspergers Vorbericht. S. 31. —

angewendet, darum er dieses selbst austheilen
wollen. Sie reden wenig, antworten kurz, be=
obachten alles, und denken desto mehr. Sie
halten viel von Gemeinschaft, und werden über
unsere Salzburger, und an ihrem gemeinschaft=
lichen Leben, Essen und Arbeiten ein grosses Ge=
fallen haben. Unter einander lieben sie sich sehr,
und lassen das Leben für einander. Auf das
Verhalten der Leute geben sie genau Achtung,
und wer eigenliebig ist, wird von ihnen verab=
scheuet. Wenn man etwas von ihnen verlan=
get, schlagen sie es niemalen ab; wiewohl sie
auch nichts leicht versprechen, weil sie befürch=
ten, sie möchten ihrem Versprechen nicht alle=
zeit nachkommen können, und also gelogen ha=
ben. Wenn sie aber auch einmal etwas ver=
sprechen, so halten sie es, sollten sie auch ster=
ben. Verlangt man z. E. von einem, er soll
mit nach England, oder sonst wohin reisen, so
ist er gleich willig. Das wichtigste, was sie
zuweilen zurükhält, ist, wenn sie einen alten
Vater haben, der sich selbst nicht mehr ernäh=
ren kann. Ihre Zufriedenheit ist sehr groß. Es
hat niemand mehr dann eine Dekke, einen Topf,
eine Hütte, und eine Flinte. Was er doppelt
hat, giebt er gerne dem, der es nöthiger hat.
Ehedem mögen sie ein grosses Alter erreicht ha=
ben, da sie anjezo durch das Kommerzium mit

Euro=

Europäischen Nationen, sonderlich durch das Getränke des Rums, Haufenweise dahinsterben.
Denn ein wenig stark Getränke berauschet sie
gleich, weil sie nichts als Wasser gewohnt sind.
Von der Trunkenheit haben sie vor diesem nichts
gewußt; aber dieses sowohl als andere Laster
nachher von den brnachbarten Christen gelernet.
Man weiß unter ihnen von keiner Polygamie.
Man versorget die Armen, Wittwen und Wai-
sen am allerersten ꝛc. In ihrer ganzen Sprache
hat man keine Wörter, so obscöne Dinge oder
Schwüre und Flüche ausdrükken, sie lernen es
dann von den Nachbarn. Unter allen Indianischen Weibern, die an Christen verheurathet
sind, ist eine einzige gar christliche Frau *),
welche andern Indianern etwas nützliches aus
der heiligen Schrift beibringet. Von den übrigen möchte man wünschen, daß sie kein India-
nisch könnten, weil sie nur allerlei Schande und
Laster unter sie ausstreuen. Wenn man einen
Indianer schlägt, oder beleidiget, leidet er es
ge-

*) Diese ist die Ehefrau des Herrn Musgrove,
welcher als Dolmetscher mit dem Indianischen
König in dem vergangenen Jahre in England gewesen. Es ist aber diese Frau Musgrove eine
Tochter eines Engländers, die er mit einer In-
dianerinn gezeuget.

gedultig und stillschweigend; vergißt es aber nie,
sondern suchet eine Gelegenheit, sich desto nach=
drüklicher zu rächen. Thut man ihnen gutes,
so werden sie es auch nicht leicht vergessen, son=
dern ihren Wohlthäter lieben; wie sie denn den
Herrn Oglethorpe als ihren Vater angesehen,
und in allen Umständen ihre Zuflucht zu ihm
genommen haben, indem er auch etwas von ih=
rer Sprache gelernt; Sie lieben die Fremden sehr,
und wenn es ihnen mangelt, sorgen sie zuerst
für die Fremden, darnach für sich und ihre Fa=
milie. Der Herr Oglethorpe erzählte, daß er
anfänglich den Engländern in Georgien das Kom=
merzium mit den Indianern verboten, weil sie
die Viktualien, die sie im Anfange selbst sehr
nöthig hatten, nicht andern überlassen könnten.
Darauf wären die Indianer zu ihm gekommen,
und hätten sich deshalb sehr beklaget. Er habe
sie mit einem Gleichniß, worinne die Indianer
gerne zu reden pflegen, zurechte weisen wollen,
nämlich: Ein Vater könnte das, was die Kin=
der brauchten, nicht Fremden überlassen, erst
sorgete er für die Kinder, und dann für die
Fremden. Sie aber hätten geantwortet: Bei
ihnen wäre das nicht so, sondern erst sorgten sie
für die Fremden, und dann für die Kinder; die
Fremden wären ihnen lieber und werther als
ihre Kinder.

Ihre

Ihre Medici, wollen mit ihren Zeichen, Cir-
culn und Figuren, das Ansehen der Zauberer
haben, dabei sie aber in Lebensgefahr sind.
Denn wenn sie sich selbst anbieten, einen Kranken zu heilen, und er stirbt; so glauben die
Indianer, der Medikus sey Schuld an seinem
Tode, und stehen ihm nach dem Leben; da hingegen er ausser Gefahr ist, wenn er dazu erbe-
ten wird.

Wenn sie böses gethan haben; nehmen sie
eine gewisse Art der Busse vor. Den ersten Tag
essen sie Kräuter, die im Meer wachsen, und
die Kraft eines Laxativs haben; den andern Tag
fasten sie, den dritten machen sie ein neues
Feuer, tanzen um dasselbe und machen sich lustig, besingen in einigen Liedern die Thaten der
alten Helden; Dessen, der das Feuer auf die
Welt gebracht, und dessen, der den Akkerbau
eingeführt hat, essen und trinken, nehmen jeder
etwas von diesem Feuer mit nach Hause, und
glauben, daß ihre Sünden also ausgelöscht
seyen.

Buchstaben haben sie gar nicht. Ihre Sprache aber soll in allem nur etwa tausend Primi-
tiva haben, und am bequemsten mit Griechischen Buchstaben geschrieben werden können,
weil einige Wörter aus dieser Sprache darin
be-

finblich, und verschiedene Buchstaben in keiner
andern als der Griechischen Sprache ausgespro=
chen werden können. Die Herrn Prediger ha=
ben sich einige Wörter aus ihrer Sprache sagen
lassen, und mit Griechischen Buchstaben also
angezeichnet: τύκτα, (tykta) das Feuer; ἄσσε,
(Hasse) die Sonne; ξύκκο, (Xykko) das Haus;
ϛιλλιπάικα, (Stillipaika) der Schuh; ἀψατίκα,
(hapsatika) die Strümpfe; ἴψκα, (ipsuka)
der Hund. u. s. w.

Es finden sich bei ihnen keine Zeremonien
oder äusserlicher Gottesdienst; Gözen beten sie
nicht an, und scheuen sich mit profanen Leuten
von Religionssachen zu reden, auch haben sie
keine Priester. Sie glauben ein oberes Wesen,
so sich über alles ausbreite, und welches sie
gemacht habe. Dieses nennen sie Satalykate,
das ist, der, welcher droben sizzet, so sie auch
anbeten, und ihm danken, daß er sie gemacht
habe. Sie bezeugen mit Hand und Mund,
auch äusserlichen Stellungen eine Liebe gegen
Salzburger, und wie sie ein recht herzliches
Verlangen hätten, in der Erkänntniß des obern
Wesens unterrichtet zu seyn, und ihnen ihre
Sprache zu lehren. Wie sie denn sich selbst
für rüde und unwissend halten, um so viel
mehr aber wünschen, daß man sie instruiren
und

und klüger machen möge. Sie erzehlen uns, wie sie sich bereden, daß das obere Wesen uns zu ihnen geführt, um sie zu unterrichten. Ein alter Mann, der unter ihnen der weiseste gewesen, hat geglaubet und vielmal gesaget, es würde das höchste Wesen ihnen bald jemanden zuschikken, der ihnen den rechten Weg zur Weisheit (so nennen sie die Religion) zeigen würde, ob er es gleich nicht erleben möchte. Von der Zeit an haben sie alle Wochen etwas Essen bereit gehalten, ihren zu hoffenden Lehrern dasselbe vorzusezzen. Einige sind auch geneigt, ihre Kinder zu den Herren Predigern in die zu Eben-Ezer anzulegende Schule zu schikken; und damit sie desto williger hineinkommen, wird der Herr Oglethorpe den Herrn Predigern güldene Buchstaben und andere reizende Dinge verschaffen; von welchen Kindern sie zugleich allmälig einige Wörter aus ihrer Sprache zu lernen Gelegenheit haben werden.

XI.

XI.

Ungarische
Merkwürdigkeiten.

(Aus dem ungarischen Magazin zusammengetragen.)

I.

Von einer merkwürdigen Höle.

Unter die vielen Naturseltenheiten, mit welchen das Königreich Ungarn versehen ist, gehören auch die natürlichen Hölen, von denen immer eine die andere an Merkwürdigkeit über-
trifft: einige derselben sind schon ziemlich bekannt, und zum Theil auch untersucht worden.
Zu diesen gehört die sogenannte Drachenhöle bei
Demenfalma in der Liptauer, die Mazorna und
Durna in der Thurozzer, die bei Filek in der
Neograder, die unweit dem Zipserhaus, und
auf dem Ochsenberg in der Zipser, die Top-
schauer in der Gömbrer, die Sadellber, Sl-
lizzer und Borzzowerin der Tomer, die Fünazzer
in

in der Biharer Gespanschaft, und die auf dem Rauberberge in dem Temescher Distrikte der Gränzsoldaten *). Andre aber besonders in den Blateizzer, Nezpaler Groß = Jeßener, Moschower, Tuaner und Zeider Gebirgen der Thurazzer, die bei Akteld in der Gömörer Gespanschaft, und mehr andere, besonders in der Zips, sind meist nur dem Namen nach, und den Anwohnern derselben bekannt. Wie sehr wäre es daher zu wünschen, daß meine gelehrten Landsleute durch das Beispiel des Herrn von Nedeztki, der von seiner Neigung zur Naturgeschichte getrieben, sich in die noch wenig bekannte Höle bei dem in der Biharer Gespanschaft, befindlichen wallachischen Pfanddorf Funaza begeben, und uns davon eine umständliche und schäzbare Nachricht mitgetheilt hat **), gereizet werden möchten, ähnliche Untersuchungen zu unternehmen, und der gelehrten Welt durch diese Blätter mitzutheilen.

Die

*) Von diesen findet man einige, wiewohl nur kurze Nachrichten, in der durch Herrn von Windisch 1780 herausgegebenen Geographie von Ungarn.

**) Welche bei Tratner in Wien 1774 auf 36 Seiten in 8. gedrukt worden.

Die Höle, von der ich hier eine wiewohl ganz
kurze Beschreibung mittheile, liegt eine Viertel-
stunde von dem zu der Gömörer Gespanschaft
gehörigen kalvinischen Dorf Agtelok (Agtelek,)
der Eingang in dieselbe ist so eng, und niedrig
daß man nur mit großer Mühe durchkommt,
und so muß man 4 bis 5 Klafter abwärts krie-
chen, bis man zur Höle selbst, oder vielmehr
zu den Hölen gelangt, denn es sind deren wirklich verschiedene, die ziemlich hoch, und weitläuf-
tig sind, auch immer eine die andere sowohl an
Größe als Weitläuftigkeit übertrift; viele Stunden lang kann man aus einer in die andre gehen, ohne sie alle gesehen zu haben, denn wegen den fürchterlichen Abgründen, die sich hin
und wieder zeigen, wird ihre weitere Untersuchung
ànmöglich, wie denn einige die sich zu weit ge-
wagt haben, nicht mehr zum Vorscheine gekommen sind, daher auch die Führer selbst, deren
man sich hier der Gefahr wegen bedienen muß,
überall ihre Merkmale haben, nach welchen sie
ihren Gang einzurichten pflegen. — Diejenigen
Hölen nun, welche besucht werden können, sind
durchaus mit dem schönsten Tropfstein bedekt,
der so wie in verschiedenen andern Hölen unseres Vaterlands, durch Hülfe einer lebhaften
Einbildungskraft allerhand Bilder von Mauso-
leen, verfallenen Gebäuden, Altären, Orgeln,
Unge-

Ungeheuern, und tausend andere Gestalten vor
Augen stellt; zwischen dem Tropfstein quillt an
einigen Orten ein helles Wasser hervor, und hin
und wieder kommt auch ein Bach zum Vorschein,
der sich bald durch unterirdische Gänge verliert,
und in einiger oft ziemlich weiten Entfernung
wieder sehen läßt.

In diesem Bach hat man öfters Enten ge=
lassen, die erst in einer Strekke von mehr dann
einer Stunde wieder hervorkamen. — An man=
chen Orten sieht man unläugbare Spuren von
Wagenrädern, und es läßt sich daher muthmas=
sen, daß diese Höle einst einen bessern und ge=
mächlichern Eingang gehabt haben müsse. — Den
Tropfstein aus dieser Höle braucht man in dor=
tigen Gegenden bei verschiedenen Krankheiten
des Hornviehs, mit welchem Erfolg, kann ich
nicht sagen: da er aber eine blendend weiße
Farbe hat, so könnte er wohl für die Maler,
und zum Uebertünchen der Häuser mit Nuzzen
zugerichtet werden.

2.

Von der Doppelhöle zu Thun in Kroatien.

In dem Gebiet des Karlstädter Generalats
Oguliner = Gränzinfanterie = Regiments, bei dem

Dorfe

Dorfe Thein, das zugleich ein Hauptmanns=
Quartier und ohngefähr 10 Stunden weit von
Karlstadt, an der neuen Josephiner = Landstrasse
nach Zengh gelegen ist, liegt die sonderbare Höle,
von der wir reden wollen. — Von Ueberkrain
aus, und durch ganz Dalmatien sind zwar die
Gebirge unterklüftet, aber unsers Wissens diente
keines dieser Gebirge in seinem Innern Völkern
zu einem sichern Aufenthalt als wie eben diese
Thuirer Höle.

Aus der Geschichte von Ungarn und Dalma=
tien ist es eine bekannte Sache, daß viele un=
glükliche Länder mehrere Jahrhunderte ein stäter
Schauplaz blutiger Kriege, fortdaurender innerli=
chen Unruhen, und schreklicher Verheerungen
waren, und ich darf mich nur Beziehungsweise
darauf berufen, wenn ich meine Sache bekräfti=
gen will, daß jene Gegenden insbesondere, welche
izt in die vier Karlstädter Gränzregimenter ver=
theilt sind, vor andern allem Greuel der Kriegs=
verwüstungen ausgesezt waren. Die damalige
noch zu rauhe Verfassung der Einwohner, die
Nachbarschaft der Türken, deren Name schon
vormals schaudern machte, trug nicht wenig da=
zu bei. Ein Haufe liederliches Gesindels, das
der Auswurf verschiedener Nazionen, eine Ban=
de der ruchlosesten Bösewichter war, welche
her=

herum zogen, sich von Raub und Mord nähr=
ten, verübten unter dem Schuzze der Musel=
fahne an den damals armseligen und hülflosen
Bewohnern jener izt reizenden Gefilde, die un=
menschlichsten Grausamkeiten. Kein Einwohner
war in seiner Hütte sicher, er mußte stets in Angst
und Besorgniß leben, stets einen neuen Ueber=
fall befürchten, den Schweis seiner jährlichen
Arbeit in fremden Händen, sein Weib geschän=
det, seine Tochter genothzüchtiget, und in die Skla=
verei geführet sehen; denn dieses Räubergesin=
del wußte alle Stege und Wege über die Ge=
birge und durch jene ungeheure Waldungen,
welche die Gränzscheidung ausmachten.

Er sah sich also gezwungen eine Freistadt zu
suchen, wo seine wenige Habschaft, und das Le=
ben seiner Angehörigen sicher war; und da bot
ihm dann die Natur diese Höle dar, und nahm
ihn darinnen als eine gütige Mutter in ihren
Schoos auf —

Der Weg unter welchem sich diese Höle befin=
det, ist von ziemlicher Größe, und stehet dem
Schloße zu Wien gerade gegen über. Sie hat
zwo Abtheilungen oder Stokwerker übereinander,
welche beide von außen zween verschiedene Aus=

L 3   gänge

gänge haben. In einiger Zeit, ist der Eingang zur untern. —

Es ist dieser eine weite und gewölbte Oeffnung, deren Bogen auf den von der Natur erzeugten Säulen ruhen. Dermalen quillt ein im Sommer mit reichlichem Wasser versehener Bach heraus, der über eine Stunde lang, so weit die Höle dauert, dieselbe durchlauft. Vor dem Eingang siehet man die Ueberbleibsel einer festen 4 Schuh dikken Mauer, welche die ganze Oeffnung versperrte, und daraus einen festen Ort machte. Es sind noch einige Schieslöcher, und die Merkmale eiserner Kloben, woran das Thor hieng, daran zu sehen. Oberhalb dem Eingang sind in Steine gehauene Löcher, die einen Zugang von innen haben, und denen welche hinein flüchteten zu Wachthäusern dienten. Man bemerkt sie aber kaum, weil der Berg oben am Rand mit dikken immer grünenden Gesträuchen bedekt ist. Der Hauptgang, welcher eine Stunde dauert, und an dessen Ende man bei Ostarie, einem andern großen Dorf, heraus kömmt, hat eine Breite von ungefähr 6 Klaftern, und eine Höhe von fünfen. Von beiden Seiten gehen niedrigere Nebengänge, wovon einer zu einem weiten Plazze führet, in dessen Mitte ein kleiner

See

See ist, der sehr gutes Wasser, und einige Fische hat.

Ueber dieser Höle, wie ich schon gesagt habe, ist eine fast eben so große. Um von außen in dieselbe zu kommen, muß man etliche hundert Schritte weiter gehen, und den Berg hinan klettern. Von innen aber sind zween Aufgänge von der untern, stufenweise in den Stein gehauen. Sie ist eben so wie die untere beschaffen, nur in derselben kein See befindlich.

Die Feuchtigkeiten, welche innen durch den Stein dringen, träufeln gemach herunter, und haben so viele Jahre, durch den beständigen Ablauf, verschiedene seltsame Gestalten an dem Gewölbe der Höle erzeugt, es ist aber dennoch darinnen nicht sonderlich feucht. Man genießt daselbst des Sommers eine erfrischende Kälte, und im Winter eine erquikkende Wärme. Das Gestein ist kalkartig mit Schiferschichten untermischt. Eben zu der Zeit, als das Land wegen der Räuber, die aus Bosnien herüber brechen, noch sehr unsicher war, und die Thuines, um sich vor ihren Ueberfällen zu schüzzen, sich in diese Höle begaben, bauten sie darinnen Abtheilungen von Holz, und machten sich so viel es möglich war, und ihr eingeschränkter Verstand es

er=

erlaubte, bequeme Wohnungen, worinn ihre Fa=
milien und ihr Vieh Plaz hatten,: und so ent=
stand aus dieser Doppelhöle ein unterirdisches
Gebäude von vier Stokwerken. Noch sieht man
in Stein die Löcher, worinnen die Doppelbal=
ken lagen. Aber außer diesen und der Vor=
mauer beim Eingange mit ihren Schießlöchern
und den Steigen, welche in die obere Höle füh=
ren, bemerkte man kein Wahrzeichen, daß je=
mals Leute hier gewohnet haben, indem die
Zeit, eine fürchterliche Verwüsterinn menschlicher
Arbeit, weiter nichts übrig gelassen hat. Als
endlich Ruhe und Sicherheit unter dem mächti=
gen Schuz Oesterreichs sich einstellten, zogen diese
Hölenbewohner wieder aus ihrem freiwilligen
Gefängniß, verbreiteten sich in die fruchtbaren
Thäler, und eine fast immer wüste und öde Ge=
gend war in kurzer Zeit in fette Wiesen, frucht=
bare Felder und Weingärten verwandelt. Da
nun die Höle nichts mehr nuzzen konnte, so wurde
der izt durchlaufende Bach hinein geleitet: die=
ser troknet alle Jahr im Sommer aus, und als=
dann kann man die ganze Höle durchgehen.

Gleich beim Anfang des langen Ganges
hängt am Gewölb ein Felsen=Stük herab, das
einem schwärmerischen Auge Gelegenheit geben
könnte, Vergleichungen mit verschiedenen Ge=
stal=

ſtalten zu machen: die Einwohner tragen ein Märchen davon herum, wo dieſes Stük Felſen herab hängt, denn ſie ſagen, da ſei die Kammer einer Jungfrau geweſen, welche am neuen Sonntag *) beim Weberſtuhl geſeſſen, gewebt und die Sonntagsandacht verſäumt habe. Ihre Mutter welche aus der Kapelle gekommen, habe ſich ſo gewaltig darüber entſezt, daß ſie den gräßlichſten Fluch darüber gethan: daß ſie gleich zum Stein werden ſollte, weil ſie vergeſſen den Tag des Herrn zu ehren und zu feiern, und in dem Augenblik ſei das Blut in den Adern des armen Mädchens erkaltet, ihre Augen waren erſtarrt, ſie unbeweglich, und ſammt ihrem Weberſtuhle in Stein verwandelt worden. Wenn man das Märchen weis, ſo findet man eine Aehnlichkeit, aber eben muß man es wiſſen, um die Einbildung täuſchen zu können.

Noch eine andere merkwürdige Höle befindet ſich im Gebiethe des Sluiner-Regiments bei Klokochs welche zwei Stunden lang ſeyn ſoll, und in der man eine Stunde weit, eine Art Kriſtalle findet, welche die angränzenden Türken ſehr gerne und theuer kaufen.

ℒ 5   3. Von

*) Heißt bei dieſen Leuten, der erſte Sonntag nach dem Neumonde.

3.

Von dem Palitscher See.

(Aus einem Briefe.)

Noch vor vierzig Jahren war der Ort, wo
itzt der Palitscher See steht, nichts als ein trok=
nes sandiges Stük Land, welches Palitsch hies. —
Was dieses Wort bedeutete, weis ich nicht, denn
in den vier Hauptsprachen unseres Vaterlands
wird nichts damit benennt. Es scheint aber tür=
kischen Ursprungs zu seyn; denn, als sich die
Dalmatier in dieser Gegend niederliessen, und
einst unter türkischer Oberherrschaft stunden,
hatte es schon diesen Namen. Die große Dürre,
so größtentheils in diesen erhabenen sandigten
Gegenden herrschet, bewog diejenigen, welche
große Viehheerden hatten, in der meist von Na=
tur niedrig gelegenen Palitscher Gegend Brün=
nen zu graben, um sie daher tränken zu kön=
nen. Das Vieh trank das Wasser wegen den
salzigten Theilen, welche dasselbe mit sich füh=
ret, überaus gern, und so wurde immer die
Anzahl der Brünnen vermehrt. — Endlich ka=
men einige dieser Brunnengräber auf stärkere
Adern, welche sich über die Oberflächen der
Brunnen ergoßen, und so nach und nach einen
See bildeten, der in seinem hizzigen Umkreise

8800 Wiener Klafter mißt. Die Breite deſſel=
ben beträgt vier bis 600 ſolche Klafter, und der
körperliche Inhalt 1440000 Quadratklafter. —
Aus den Ufern dieſes Sees flieſſen immer klei=
nere Quellen in denſelben, ſo, wie gleichfalls
der oberhalb der Stadt Mar. Thereſiopel be=
findliche in einen Kanal durch dieſelbe fließende
Sumpf Nagy Rèt genannt, in denſelben ablauft.
Dieſer vielen zuflieſſenden Wäſſer ungeachtet, er=
gießt ſich dieſer See doch niemal, ſondern bleibt
immer in ſeinen Gränzen, und nimmt auch bei
der größten Dürre faſt gar nicht ab. — Seine
Tiefe iſt wegen Mangel der Fahrzeuge noch
nicht gemeſſen worden, doch hat man ſolche nach
dem proportionirten Falle, auf zwo bis dritt=
halb Wiener Klafter angenommen.

Die Geſtalt dieſes Sees iſt einem L ziemlich
ähnlich, folglich winkelförmig. — Noch vor ſie=
ben Jahren war er mit den ſchmakhafteſten
Karpfen angefüllet; da aber die Einwohner un=
ſerer Stadt ihren Flachs hier in großer Menge
einzuweichen pflegen, indem ſolcher hier wegen
des ziemlich häufigen Salzes, viel weicher und
weiſſer, als in andern Wäſſern wird, die Fiſche
aber den ſtarken Geruch deſſelben nicht ertra=
gen können, ſo ſind ſie auch gänzlich zu Grunde
gegangen.

Aber

Aber, eine unglaubliche Menge von aller=
hand Federwildpräte hält sich in demselben
auf, dem man jedoch wegen der Breite dersel=
ben, und wegen Mangel der nöthigen Fahrzeu=
ge mit dem Feuergewehr eben nicht schaden
kann. Man sieht auch eine Menge Schwämme,
welche das reine Wasser dieses Sees herbeilok=
ket, den ganzen Sommer durch; und an den
Ufern findet man eine steinharte Erde, welche
durch das Wasser beständig ausgespület wird. —

Neben diesem See, ist noch ein anderer, aber
sehr kleiner, den man Vert nennt, und dessen
Wasser den ersten an Güte übertrift. — Unge=
achtet nun diese beiden Seen nicht über fünf=
zig Schritte von einander entfernet sind, so
fliessen sie doch niemalen zusammen, selbst da
nicht, wenn der eine oder der andre zuweilen
seine Ufer übersteigt. Doch liegt der erstere et=
was höher als dieser.

Unterhalb diesen Seen ist ein ziemlich großer
Sumpf, der Ludos heißt. — In demselben be=
finden sich die schönsten und besten Karpfen,
Hechte, und Schleien, in großer Menge, deren
Fanz aber wegen des häufigen Geröhrs und der
Wasserwarzen, welche die Ungarn Sombokok
nennen, sehr beschwerlich wird. In diesem
Sumpfe

Sumpfe pflegen die Schwäne zu bruten, und so dann ihre Jungen aus demselben in den Patitscher See zu führen.

Von dem alkalischen — vielleicht nur Mittelsalze, welches in dem See so häufig gefunden wird, werde ich Ihnen, da sich eben unser Komitats = Physikus mit Untersuchungen dessen beschäftigt, ehestens umständliche Nachricht geben können.

XXI.

XII.

Mineralogie

von

Lappland.

(Aus dem Entwurf einer schwedischen Mineral-
historie des Freiherrn Tilas. S. 94.
u. folg.)

Lappland hat hohe Berge, womit es Schwe-
den von Norwegen trennt, und ist in sich selbst
sehr verschieden. Darinn kommen alle überein,
daß das Land auf die Art allgemach höher stei-
get, daß es auf der schwedischen Seite, nicht
sonderlich in die Augen fällt, aber destomehr
auf der norwegischen Seite. Denn man kann sich
leicht vorstellen, was für ein Unterschied seyn
muß, daß dasselbige Land, so von der See
an landwärts in einer Strecke von 40 bis 90
Meilen beständig höher wird, sich auf einmal
bis auf vorige Tiefe senket, und zwar bloß
in einer Entfernung von einigen Meilen, ja, an
einigen Stellen nur von 3 bis 4 Meilen. Auch
kom-

kommen alle darinn überein, daß sich Lapp=
land in zweierlei Gegenden theilet, nemlich in
die alpengebürgichte und die waldichte, welche
leztere zwar wohl hohe Berge hat, aber doch
so, daß dazwischen viele Ebenen von Heide und
Moräste von geräumiger Größe sind.

Was die bergichte Lappmark betrift, so hat
Asele=Lappmark sehr hohe und jähe Alpen, Umea=
Lappmark gleichfalls aber nicht so steile; die
Alpen in Pirea haben größe freie Plätze zwi=
schen sich, werden aber in den Gränzen von Luleå
Lappmark höher, so daß das Gebirge Sülitielna,
welches ungefähr beide Lappmarken trennet und
wo auch die Reichsgränzen abgestochen sind,
unstreitig das höchste in dieser Gegend ist; und
solche hohe Gebürge sind überall, so daß Luleå=
Lappmark die allerhöchsten, jähesten und am
dichtesten zusammenhangenden Alpen mit vielen
Klippen hat, da man denn ganze Gebürge
von ewigem Schnee sieht, so daß man nicht weis,
ob man sie als ganz von Schnee zusammenge=
sezt ansehen soll, oder ob selbiger nur einen ge=
wöhnlichen Felsen bedekket.

Aber ich sage ewigen Schnee: ich bitte um
Vergebung, daß ich diesen gemeinen Ausdruk ge=
brauche; ich will mir gern etwas abdingen las=
sen,

fen, und nicht nur etwas, sondern wohl einige
Duzzend Jahrhunderte; ja, ich glaube, daß
wenigstens innerhalb dem Sewebergsrükken der
geringste Theil von diesen zusammengetriebenen
Eisbergen eines Menschen Alter viel übertreffen wird. Dieß bedarf einer Erklärung: alle
Schneehaufen werden zwar jährlich vermehrt,
aber sie werden auch jährlich vermindert, das
eine Jahr mehr, das andere weniger; jedoch
nie oben so sehr, als unten, wo sie Erde und
Stein berühren. Gott weis, was das für eine
Wärme seyn müße, die mehr von unten als von
oben wirket, wovon ich große Beweise habe,
aber nur einen davon anführen will. Als ich
die Gränzen bereisete, sties ich mit meinem Gefolge, so aus 40 Pferden bestand, auf ein Eis-
gebürge, worüber man nicht, ohne einen großen
Umweg von vielen Meilen, kommen könnte;
aber die Lappen zeigten uns einen andern Weg,
der selbst unter dem Gebürge durchgieng, wovon
ein kleiner Bach herunter kam, der sich in einer
Entfernung von einigen Faden unter dies Gebirge hinunter stürzte, und daselbst ein so vor-
trefliches Gewölbe, als nur immer die höchste
Kirche haben kann, machte. Uns Reitenden
verschaffte er einen so schönen Weg, als die eben-
ste Landstrasse hätte seyn können, nur daß das
Wasser den Pferden gerade bis über die Hufe
gieng.

Hin und wieder giengen kleine Oeffnungen zu Tage aus, aber auch ohne sie war Licht genug in diesem sonderbaren Eiskeller, welches aber uns allesammt eine blaue Farbe gab, sowohl unsern Gesichtern und Händen, als Kleidern, am mehresten aber unserm Leinenzeuge, welches wie ganz blaues Leinen aussah.

Die Alpen in Torneå Lappmark sollen, wie man mir gesagt hat, denn ich bin nicht selbst da gewesen, hernach immer mehr und mehr flacher werden.

Ich sollte von den Felsarten auf den Gränzen in Umeå, Piteå und Luleå Lappenmarken Nachricht geben, aber ich muß bekennen, daß ich mich ihrer nicht mehr erinnern kann, ungeachtet ich auf den Karten erkenne, daß ich oftmals den Weg gekommen bin. Was ich sagen kann, ist dieses, daß das meiste auf hornartige Steine hinaus läuft, und daß kein reiner Granit in der ganzen Gegend vorkömmt.

Kalkberge sind, so viel ich mich erinnere, auf zwoen Stellen:

1) In Umeå Lappenmark, eine Meile gegen Süden bei Bonnås Alpen, ist eine große kalkhaltige Gegend, deren Kalk weiß, grau, und

M   der

der, seiner Dichte nach, ziemlich zu Marmor-
arbeiten dienlich seyn sollte, wie dann auch deswegen die daselbst aufgesezten Reichsgränzen
Marmor Köset genannt werden.

2) In Piteå Lappmark, und ohngefähr eine
Meile in Ostsüdost vor den Reichs Gränzen Su-
liticlma, sind zwei Alpengebürge die Gaisiget
heißen, zwischen denen ein großes flaches Land
ist, und von ihnen vertheilet sich das Wasser
durch die benachbarten Thäler. Es findet sich
auch daselbst eine Gegend von weissem, dichten,
fein körnichten Kalke, der eine schwebende Lage
hat.

Erzgebürge weis ich hier nicht viele, aber
wohl zu verstehen, nach dem Begriffe, den ich
von ihnen habe, da sie nämlich aus zusammenhangenden Erzgängen bestehen müßen: aber sonst
finden sich hier destomehr erzhaltige Gegenden,
die öfters an Weite und Umkreis, viele Erzgebürge übertreffen. Es gehören dahin folgende:

1) Nasafiells Silbergruben an den Gränzen und dicht an der Linie von Umeå Lappmark.
Das gemeinste Gestein ist von scharfer Horn-
art. Es zeigte sich auch daselbst ein mächtiger
langer Strich von kristallartigen und ange-
schosse-

schoffenen Quarzen, der einige hundert Ellen breit, und viele hundert Faden lang war. Zwischen ihm wurden nesterweise viele grobwürslichte Bleiglanze gefunden, die im Anfange vorigen Jahrhunderts Gelegenheit zu Anlegung des benachbarten Silberbergwerks gegeben, so erst auf Kosten der Krone, und hernach auf Rechnung der Bürgerschaft von Umeå gebauet wurde: aber seitdem es im Jahre 1660 im Kriege von den Dänen zerstöhret worden, hat es nun schon etwas über hundert Jahr öde gelegen, und es möchte auch wohl wegen der strengen Himmelsgegend und seiner Entlegenheit von Holzungen, die vier Meilen beträgt, nicht so bald wieder in Gang kommen. Sonst sind noch in selbiger Gegend auf der südlichen Seite zwei oder drei andre Quarzstellen, welche auch leberbraunen Wasserkies, dunkelbraune Zinkblende und kleine Nester von Bleiglanzen haben, sie sind aber alle von geringem Werthe.

2) Riedklewari Silbergruben in Luleå Lappmark habe ich zwar nicht besehen, eben so wenig als

3) Alkiewari Silbergruben an eben diesem Alpengebürge. Da ich aber die Nachrichten, so das königliche Bergkollegium daher erhalten hat,

M 2   und

und Probeſtufen geſehen habe, ſo kann ich mit
Gewißheit ſagen, daß ſie in ſolchen in Kri=
ſtall geſchoſſenen Quarzen, wie zu Naſa lie=
gen. Uebrigens liegen beide Gegenden in Süd=
und Südoſt bei Wirezaure oder Wireträſk.

4) Rautoiwe weiter hinauf nach Norden in
Luleå Lappmark, wurde bei der Gränzvermeſ=
ſung wegen ſeiner ſchönen Stufen und ſeines
großen und grobblätterichten Eiſenglimmers,
ſo ſich oft in ſchönen Druſen zeigt, bekannt. —

5) Gelliware Eiſenerzgebürge in Luleå Lapp=
mark hat wohl die größten Eiſenadern, die
ſich jemals finden möchten. Freilich ſind wohl
ganze Berge, ja Alpen, die aus lauter reinem
Eiſenerze beſtehen, aber dieſes Gebirge ſtreicht
in ordentlichen Gängen, erſtrekket ſich weiter,
als einige Viertelmeilen in die Länge, iſt drei
bis vier hundert Faden breit, und enthält nichts
als reines reichhaltiges ſchwarz blaues Eiſen=
erz.

6) Stangeli Alpen in Torneå Lappmark,
zwiſchen den Reichsgränzen Altagais und Stan=
geli, hat vielen Kupferlazur und eiſenhaltiges
Geſchikke. Nach den Stufen und dem Berichte,
ſo das königliche Bergskollegium daher erhalten
hat,

hat, zu urtheilen, kann man diesen Alpen die Ehre einer erzhaltigen Gegend nicht absprechen.

7) Aber was soll man von den verwundernswürdigen Alpengebürgen Kerunawara und Lousawara, eine und eine halbe Meile in Westen von Jukasjerwi = Kirche sagen, die belde in einem Striche liegen, nur durch ein kleines Thal von einander geschieden sind, und ganz und gar aus Eisenerz bestehen? Es scheint gleichsam, als wären sie erschaffen um gewissen Meinungen, die blos in Gedanken, aber nicht nach Anleitung der Erfahrung von dem Zuwachse der Metalle und Mineralien gemacht sind, zu widersprechen. Es war also nicht zu verwundern, daß der ehemalige Landeshauptmann und nachmaliger Präsident Gyllengrip gleichsam außer sich gerieth, als er sie im Jahre 1735 sah, und sie königlicher Namen werth hielt: er nannte nämlich das erste Gebürge König Friederichs und das andere Königinn Ulrika Eleonorens Berg.

8) Swappalwara liegt drei Meilen in Süden von Jukasjerwi = Kirche, und verdient den Namen eines Erzgebürges um desto eher, da zwo unterschiedene ansehnliche erzhaltige Gegen-

M 3   den,

'ben, die eine von dem reicheſten Lazur und Kupfererz, und die andere von mächtigem Eiſenerz, daran ſtoßen.

9) Joneswanda eiſenhaltige Gegend liegt auch in Süden von Jukasjerwi = Kirche an zu rechnen, aber in einer Entfernung von 8 Meilen, und hat in ehemaligen Zeiten magnetiſches Eiſenerz gegeben. —

XIII.

XIII.

Kurze Beschreibung

des

Male= oder Moskoe = Stroms,

eines

berühmten Meerstrudels bei Norwegen.

Der Strom, der seinen Namen von dem im
Meer zwischen den Inſuln, Lofoden und Woe=
rön gelegenen Felſen Moſchenfield hat, erſtrekt
ſich auf 4 Meilen gegen Süden, und eben ſo
weit gegen Norden. Er iſt ungemein ſchnell, ab=
ſonderlich zwiſchen dem Felſen Moſchen und der
Spizze von Lofod=Odden; allein ſein ſchneller
Lauf vermindert ſich, je näher er den zwoen
Inſuln Woerön und Röſt iſt. Er vollendet ſeinen
Lauf von Norden gegen Süden in 6 Stunden,
und von Süden gegen Norden, in eben ſo vie=
ler Zeit.

Der Strom Moſchen iſt ſo ſchnell, daß er
eine Menge Krümmungen oder Waſſerwirbel
macht,

macht, welche die Einwohner in Norwegen Gaargammer nennen.

Sein Lauf richtet sich nicht nach der Ebbe, und Fluth, sondern ist derselben vielmehr ganz entgegen; denn wenn die Wasser des Ozeans steigen, so gehen sie von Süden gegen Norden, da hingegen der Strom Moschen von Norden gegen Süden gehet; und wenn das Meer fällt, so laufen die Wasser von Norden gegen Süden, da unterdessen die vom Strom, von Süden gegen Norden gehen.

Das merkwürdigste bei diesem Strom ist, daß er weder vor noch hinterwärts in gerader Linie, wie andere Ströme, fortgehet, die man bei einigen Meerengen siehet, wo Ebbe und Fluth ist. Er stellet eine Art des Zirkels vor.

Wenn das Wasser des Ozeans halb Fluth ist, so geht der Strom nach Süd-Südosten; je mehr das Meer aufläuft, je mehr wendet sich der Strom gegen Norden. Gegen der halben Ebbe nimmt er wieder seinen Lauf, nachdem er einige Augenblicke still gestanden.

Es ist schwer zu wissen, ob er immer vorwärts gehet, oder wieder umkehret, nämlich ob er

er nach Osten oder nach Westen läuft. Die
Einwohner des Landes glauben, daß er sich nach
Osten zu wendet, daß er von Norden nach Nordost, und von Nordost nach Osten, von Osten
nach Südosten, und von Südosten nach Süden
gehet, und daß er also die ganze Tour des Kom-
passes in 12 Stunden macht. Allein ich be-
haupte, daß diejenigen, welche zu dieser Meinung Anlaß gegeben, falsche Anmerkungen gemacht, und geirret haben. In der That strei-
tet es gegen die Natur, daß der Strom über
Osten zurükkehren könne. Nothwendig muß er
über Westen zurükkommen, da er seinen Lauf
von Norden gegen Mittag nimmt, wie er thut,
wenn er von Mittag gegen Norden passiret.
Dieses will ich klar beweisen, wenn ich auf
die Ursachen dieses Stroms und desselben Zirku-
lazion komme.

Das wahre Phänomenon ist demnach, daß
dieser Strom rükwärts von Süd-Südosten nach
Norden über Westen gehet, und von Norden
nach Südosten über selbige Seite. Wenn er
nicht selbigen Weg zurük gienge, so wäre es
sehr schwer und fast unmöglich die Spizze von
Lofód-Odden nach den 2 großen Inseln von
Woerön und Röst zu paßiren, und es würden
diese Inseln, welche gegenwärtig zwei ganze

Kirch-

Kirchspiele formiren, dadurch ohne Einwohner
seyn. Weil aber der Strom sich so, wie ich gesagt, wendet, so erwarten diejenigen, welche
von der Spizze Lofod=Odden nach diesen zwoen
Inseln paßiren wollen, die halbe Fluth, um
welche Zeit der Strom sich nach Westen wendet, und wenn sie wieder nach der Spizze von
Lofod=Odden zurükfahren wollen, so erwarten
sie die halbe Ebbe. Alsdenn treibt sie der Strom
nach dem festen Lande zu, und auf diese Weise
fähret man ohne Schwierigkeit hin und her.

Da es etwas seltsames ist, im offenen Meer
einen so schnellen Strom zu sehen; so haben
die Gelehrten die Ursach dessen zu ergründen
sich bemühet, und sind auf verschiedene Gedanken gekommen, die nichts zum Zwekke beigetra-
gen.

Die mehresten haben geglaubt, daß an diesem Orte des Meeres ein großer Schlund seyn müße,
der einmal um das andere das Wasser in sich
zöge, und wieder auswürfe, da dann allemal
die Bewegung beregten Strom verursachte. Man
würde aber die Zeit unnüzze zubringen, wenn
man sich bei der Widerlegung dieser Meinung
aufhielte, welche in der Natur keinen Grund
hat.

hat. Ich will lieber die wahre Ursach dieser Art des Wunderwerks zu zeigen suchen.

Ich lege daher erst zum Grunde, daß, wenn irgendwo ein Strom ist, das Wasser allda an der einen Seite höher als an der andern seyn muß; denn es kann kein Strom seyn, der nicht einen Abhang hat.

Zum andern merk ich an, daß an dem Orte das Wasser auf der einen Seite steigt, und auf der andern fällt; zum dritten schließe ich daraus, daß dies die eigentliche Ursach des gedachten Flußes ist.

Um einen jeden von dieser Wahrheit zu überzeugen, darf man sich nur die Lage des Landes vorstellen, und solche untersuchen. Wir finden allda ein schmales Stük Land, das 16 norwegische Meilen weit ins Meer hineingeht, von dieser Spizze von Lcföd = Odden, so das westliche Ende ausmacht, bis an die Spizze von Loddingen, welche das Aeußere von Osten ist. Dieser schmale Strich Landes ist von dem Meer auf allen Seiten umgeben. Es mag nun Ebbe oder Fluth seyn, so stehet das Wasser bei diesem Lande still, und kann keinen Ausgang als durch 6 Engen, oder Passagen finden, welche

den

den schmalen Strich Landes in eben so viel
Theile theilen. Einige dieser Wasserengen sind
nur ein halb viertel Meile, und einige nicht
einmal so breit, folglich können sie wenig Was=
ser befassen. Daher kommt es dann, daß,
wenn das Meer anläuft, das Wasser, welches
gegen Norden fließt, größten Theils gegen Mit=
tag dieses Strichs Landes aufgehalten wird, und
also gegen Süden viel höher als gegen Mitter=
nacht steigt. Wann das Meer abläuft, und
gegen Süden fließt, so wird ebenfalls das Was=
ser größten Theils gegen Norden des schmalen
Strichs Landes aufgehalten, und steigt höher ge=
gen Mitternacht, als gegen Mittag.

Das Wasser, welches auf diese Weise bald
auf der einen, bald auf der andern Seite stille
stehet, kann keinen andern Ausgang, als zwi=
schen der Spizze von Lofôd=Odden und der
Insel Woerôn, und zwischen der Insel Woerôn
und der von Rôst, finden.

Der Abhang, den es hat, wenn es fort=
gehet, verursacht den geschwinden Lauf des
Stroms, und eben daher ist der Strom schnel=
ler bei der Spizze von Lofod=Odden, als an=
derwärts. Da diese Spizze dem Orte näher ist,
wo das Wasser stille stehet, so ist auch der Ab=

hang

hang allda größer, und jemehr der Strom sich
gegen den Inseln von Woerön und Röst aus-
breitet, jemehr verliert er von seiner Geschwin-
digkeit, dergestalt, daß alle diese Umstände zusammen meine Meinung, wegen dieses weltbe-
rufenen Stroms, bestärken.

Man hat wegen der Wasserwirbel oder Dreh-
ungen dieses Stroms unterschiedliche Fabeln er-
dichtet, und gesagt, daß sie alles, was ihnen
nahe käme, zerstießen und zerbrokten, daher er
auch den Namen Malestrom bekommen. Auch
hat man erzählet, daß dieser Strom so gefährlich wäre, daß kein Wallfisch sich demselben
nähern dürfte, und dergleichen Dinge mehr,
die keinen Glauben weiter verdienen. Erstlich
ist es nicht wahr, daß diese Wirbel die Gewalt
haben, etwas zu zerstossen, und es zeiget die
Erfahrung, daß, wenn man ein Stük Holz
dahin wirft, der Wirbel stille stehet und ver-
gehet. Vors andere ist nichts lächerlicher, als
wenn man sagt, daß ein Wallfisch demselben
sich nicht nähern dürfte, weil wir wissen, daß
man allezeit in dergleichen Strömen eine Menge Fische findet. Unterdessen muß man ge-
stehen, daß es ein großes Wunder der Natur
ist, daß eine flüßige Massa Wirbel mache, die oft
zwei Klaftern im Diameter haben.

Ver-

Verschiedene Leute, welche die Ursache davon gesucht, haben dafür gehalten, daß Klippen unterm Wasser wären, und daß diese die Wasserwirbel verursachten.

Dieser Saz aber ist falsch, denn es verhindern vielmehr die Klippen die Wirbel. Wenn das Wasser gegen eine Klippe stößt, so trennt, und spaltet sichs, und kann keine Wirbel mehr machen. Man muß demnach die Ursach in dem schnellen und ungestümmen Lauf des Wassers suchen.

Daher sezze ich zwei Prinzipia, die sich beide auf die Gesezze der Bewegung gründen. Das erste ist, daß, wenn ein Körper, der sich beweget, einem andern Körper begegnet, der ihn hindert, in gerader Linie fortzugehen, so prellt er, er bewegt sich in zirkulärer Linie; allein da das Wasser ein flüßiger Körper ist, der nicht brikoliren, oder prellen kann, so muß es zirkuliren. Das andere Prinzipium ist: daß in einem Raum, wo eine Massa Wassers schnell und unordentlich läuft, es unmöglich ist, daß eine Wasserkolonne sich stärker als die andere bewege.

Man sieht es täglich in den Flüßen und Bächen. Dieses scheint mir klar und beweislich,

und

und alle Muthmaßungen, welche Klippen oder Schlünde in dem Meer voraussezzen, kommen mir ungegründet vor, und sind wider die Natur.

Nach diesem ist nicht schwer zu begreifen, wie der Strom weder gegen Norden noch Süden gehen kann, zu der Zeit, da das Meer von einer dieser zwoen Seiten ausläuft, und wie sein Lauf allezeit demjenigen vom Ozean entgegen seyn muß. Denn nichts hält die Wasser des Meers in ihrem Lauf auf, es mag auflaufen, oder fallen, anstatt, da das Wasser, welches beim Lande von Lofod-Odden ist, allda stille stehet, und weder in gerader Linie, noch oberhalb der Spizze von Lofod-Odden kommen kann, wenn das Meer auf der andern Seite nicht gefallen, und der Ozean im zurükgehen nicht die Wasser mit fortgenommen, so diejenigen, die bei Lofod-Odden stille gestanden, wiederum ersezzen müßen. Dieser Beweis dünkt mich hinlänglich zu seyn, um die Ursachen dieses Phänomenons zu erkennen zu geben.

Was noch außerordentlicher bei diesem Moschenstrom ist, und am meisten verdient angemerkt zu werden, ist, daß er nicht in direkter Line, wie andere Ströme, läuft, sondern sich allmählig von Mittag gegen Norden, und

von

von Norden gegen Mittag bieget. Dieses Phänomenon ist leicht zu begreifen, weil ich davon
schon Erwähnung gethan habe. Ich habe vorhin gezeigt, daß der Lauf des Moschenstroms
demjenigen vom Meer entgegen ist; daraus
folgt, daß, wenn sie sich begegnen, der eine
den Lauf des andern verhindert. Im Anfang der Ebbe und Fluth kann das Meer gegen diesen Strom nichts ausrichten, allein gegen der halben Ebbe gewinnt es Macht genug
zum Widerstand. Wenn alsdann der Strom
sich nach Osten biegen kann, weil allda das
Wasser immer bei dem Lande von Lofod-Odden
stille stehet, wie ich schon gesagt habe, so muß er
sich nothwendig nach Westen wenden, wo das
Wasser niedriger ist.

XIV.

XIV.

zur

Geschichte und Beschreibung

der

Lukayschen Inseln.

Als Einleitung zu nachstehendem Memoriale, einem für die Geschichte dieser Inseln sehr interessanten Aktenstükke, welches ich in dem dritten Theile der Mémoires de Jean Pier de Kersland (12. Rotterdam. 1728. III. Volumes) auf der 33sten und folgenden Seiten gefunden habe, und da ich es der Aufmerksamkeit meiner Leser nicht unwürdig hielte, hier in einer getreuen Uebersezzung mittheile — schikke ich demselben eine kurze Beschreibung der Lukayen=Inseln voran, die aus guten Quellen geschöpft ist.

Beschreibung und Geschichte der Lukayen.

§. I.

Diese Inseln sind die ersten gewesen, welche den Christoph *Colomb* zur Entdekkung von Amerika

N   ge=

geführt haben. Ihre Anzahl ist so groß, daß
die Engländer selbst, als die Besitzer derselben,
nicht im Stande sind, ihre gewisse Zahl anzu=
geben, insonderheit da viele derselben nur Felsen
sind, die über das Meer hervorragen,

Saxa vocant Itali mediis quae in flucti-
bus aras,

Dorſum immane mari ſummo — — — —

und kaum den Namen, Inseln, verdienen. Ihre
Anzahl beläuft sich auf *) vier bis fünf hundert.
Die größten derselben wurden ehemalen von den
Indianern bewohnt, welche die Spanier vertilgt
oder als Sklaven in ihre Niederlassungen geführt
haben, um in den Bergwerken zu arbeiten. Diese
Inseln liegen gegen Osten und Südosten von dem
spanischen Florida, von dem sie nur durch den Ka=
nal von Bahama abgesondert sind, und haben
folglich die Inseln Kuba und Hispaniola gegen
Süden.

§. 2.

Unter dem Namen Lukayen, den sie von
der größten und nordlichsten Insel erhalten ha=
ben,

---

*) Der Verfaſſer des Almanach Americain 1783.
zählt derselben (Seite 301.) nur zwei hundert.
d. H.

ben, werden sie zwar alle begriffen, doch theilt
man sie in drei Klassen. Die erste enthält dies
jenigen, die sich gegen Osten von der Insel Ba=
hama und ihres Kanals erstrekken, und mit dem
besondern Namen Bahama = Inseln belegt wer=
den. Die zwote begreift die, welche gemeinig=
lich die Orgeln, die Märtyrer und die *) Cayen
oder Cayquen genannt werden; und endlich ent=
hält die dritte diejenigen, welche man Schildkrö=
ten (les tortues) nennet. Hier ist das Verzeich=
niß der bekanntesten dieser Inseln in alphabeti=
scher Ordnung.

§. 3.

Abacoa, zwölf Seemeilen lang und sechse
breit.

Athecambey, ihre Größe ist ungewiß.

Amaguaio.

Amana oder Amaguana.

Bahama, dreizehn Seemeilen lang u. acht breit.

Bimini, fünf Seemeilen lang.

Die Cayquen, sind viele Inseln, welche einen
Kreis bilden, der durch eine Menge Kanäle durch=
schnitten und gegen Osten mit einem großen

N 2 Sand=

*) In gedachtem Almanach Américain werden sie
Turques oder Caïques genannt.

Sandbank besezt ist. Man sieht darunter eine, welche die andern an Größe übertrift. Einige Holländer, welche sich ihr im Jahr 1623 von der Nordseite näherten, fanden den Ankerplaz daselbst von zehn oder zwölf Faden Wasser sehr gut. Sie waren in der Hoffnung viel Salz daselbst zu finden, dahingekommen, indem sie durch einige portugiesische Nachrichten hierzu aufgemuntert worden. Sie fanden aber keines, weder auf der großen Insel noch auf der kleinen, ob sie gleich verschiedene Orte antrafen, deren Lage welches zu versprechen schien. Die östlichste von diesen Inseln ist zwanzig Grad sechs und zwanzig Minuten von der Linie entfernt.

Ciquatro, nicht viel größer als die vorige.

Conciva, eine kleine Insel, kann zu den Cayquen gerechnet werden.

Curateo, nicht viel größer als vorige.

Guanahani, die erste Insel. Ciquatro, nicht viel größer als die vorige.

Der neuen Welt, die von Christoph Colomb entdekket und San Salvador genannt worden, liegt im fünf und zwanzigsten Grade vierzig Minuten.

Guā=

Guamina, liegt ungefähr sieben Seemeilen von Guanahami, und wurde von Colomb zuerst Santa Maria de la Conception genannt.

Lucayoneque oder Rucayoneque ist die größte und lezte von den Lukayschen Inseln gegen Norden.

Macarey ist wegen der Felsen, womit sie umgeben ist, fast unzugänglich.

Manegua.

St. Martha ist nur eine Seemeile weit von dem festen Lande von Florida entfernt.

Märtirer, so wird ein Haufen Inseln oder vielmehr Felsen genannt, deren Anblik von der See her, gespießte Menschen vorstellen soll, daher der sonderbare Name.

Mayaguana.

Mimbres, ein gefährlicher Felsen.

Mira = por = vos, giebt die Gefahr, sich ihr zu nähern durch ihren Namen zu erkennen, denn er bedeutet: Nimm dich in Acht.

Pola.

Samana, ein Dreiek.

Saomoto die vierte von den Inseln, welche Colomb entdekket und Isabella genannt hat.

N 3   Die

Die Tortues oder Schildkröten, liegen sechs und dreißig Seemeilen von dem Hafen von Havana in gerader Linie; ihrer sieben oder acht an der Zahl.

Triangulo, eine hohe Insel.

Veja, besteht aus einigen kleinen dicht an einander und zwischen Sand und Felsen liegenden Inseln, welche die Spanier los Bairos de Babucca nennen.

Rabaque.

Ranaque, ist ungefehr zehn Seemeilen lang.

Rumato.

§. 4.

Christoph Colomb entdekte zwar diese Inseln; hatte aber so wenig Lust eine Niederlassung auf denselben zu errichten, als die ihm nachfolgende Spanier, die im Jahr 1507. alle Einwohner derselben zu Sklaven machten oder ermordeten. Dieser kleine Archipel war ganz öde und verlassen, als ein englisches Schif, welches nach Karolina segelte, durch einen Sturm an die vornehmste derselben im Jahr 1672. verschlagen wurde. Kapitän William Sayle gab

zu=

*) Almanach Américain, am angef. Orte.

zuerst dieser Insel, die nachher Providence ge=
nannt wurde, seinen Namen. Sie wurde von
Karolina aus, mit Engländern besezt. Sieben
oder acht Jahre hernach wurden sie von den
Spaniern daraus getrieben, die den englischen
Statthalter Clarke ermordeten; aber im Jahr
1690 wurde die Insel unter dem tyrannischen
Statthalter Cadwallader Jones wieder mit
Engländern besezt; ihm folgte Trott nach, un=
ter dessen Statthalterschaft Providence einen be=
trächtlichen Zuwachs erhielt, und der Haupt=
flekken der Insel nahm den Namen der Stadt
Nassau an, die damahlen hundert und fünfzig
Häuser zählte. Endlich war diese Kolonie im
Jahre 1703. von einer vereinigten Anzahl Spa=
nier und Franzosen zum andern male verheert,
welche Nassau abbrannten, den Statthalter ge=
fangen nahmen, und einen Theil der Negern
wegführten.

Nur erst im Jahre 1709 stellte der Haupt=
mann Woodes Rogers die Ordnung daselbst
wiederum her, nachdem er die Seeräuber ver=
jagt hatte, und wurde zum Statthalter der
Insel ernannt. Von dieser neuen Niederlassung
handelt das unten folgende Memorial.

N 4   §. 5.

§. 5.

Ich beschließe diese fast allzu weitläuftige
Einleitung zu dem nachstehenden Memorial mit
der *) Beschreibung des jezigen Zustandes der
Lukayen aus dem Almanach Américain. Die
Kolonie des Woodes Rogers besteht noch bis
auf den heutigen Tag; sie kann etwa drei bis
vier tausend Seelen enthalten, von denen die an=
dere Hälfte in die übrigen Inseln vertheilt ist.
Sie schiffen jährlich für vierzig bis funfzig tau=
send Thaler Baumwolle, Färbeholz und lebendi=
ge Schildkröten nach England, und vordem, nun
geendigten, amerikanischen Kriege, bezahlten sie
die Lebensmittel, die sie aus Nord=Amerika er=
hielten, mit ihrem Salze. Obgleich der Boden
der Lukayen in Ansehung der Fruchtbarkeit nicht
mit andern westindischen Kolonien verglichen werden
kann, so könnte er doch in einem ziemlichen Ue=
berfluß weit mehr Einwohner, als wirklich da
sind, durch Arbeit ernähren. Wenn der Anbau
dieser Insel vernachläßigt ist, so muß man dies
den Sitten der Einwohner zuschreiben. Kom=
mandant auf den Lukayen ist gegenwärtig Ro=
bert

---

*) Man vergleiche dies, mit dem was in der Erdbe=
schreibung von Amerika herausgege=
ben von Schlözer, im 1ten Theile von die=
sen Inseln gesagt wird.   d. H.

bert Maxwell, Esq. Agent auf den Cayquen
ist Andreas Symmer.

Memorial.

Jean Ker, sagt am angef. Orte, von
diesem Memorial weiter nichts als: „doch
will ich hier dem Publikum eine Erzählung
von dem Zustande der Bahama=Inseln
im Jahre 1721, so wie sie mir von dem
Statthalter mitgetheilt worden, vorlegen."

Wir der Rath, und die vornehmsten Einwoh=
ner und Kaufleute auf den Bahama=Inseln,
die wir immer oder größten Theils uns, seitdem
Se. Excellenz Sr. Woodes Rogers hier Statt=
halter war, auf der Insel Providence aufgehal=
ten haben und Augenzeugen sind von allen hier
erzählten Thatsachen von der Ankunft des ge=
dachten Statthalters Rogers bis jezzo. Da
gedachter Statthalter Rogers seine Rükreise nach
England angetreten hat, wo wir nicht gegen=
wärtig seyn können, um sein Verfahren unter
uns zu rechtfertigen, so haben wir daher die
Hauptsachen, Schwierigkeiten und Vorfälle die
vorgekommen sind, gesammelt, um das kluge
und sorgfältige Verhalten des gedachten Statt=
halters Rogers in ein günstiges Licht zu sezzen,

N 5 und

und damit der gedachte Statthalter Rogers weni=
ger Schwierigkeit finde, die Maasregeln die man
seither genommen hat zu zernichten, indem wir
die Thorheit derselben, welche das Aufkommen
der gedachten Inseln bisher verhindert haben, vor
Augen legen; und mit leichterer Mühe dasjenige
betreiben könne, was zu Erhaltung unserer Kolo=
nie in Zukunft beitragen könne.

I. Als der Statthalter Rogers im Monat
Juli 1718 hier ankam, von dreien königlichen
Kriegsschiffen begleitet, so fanden sich bei fünf=
hundert Seeräuber und dergleichen Gesindel in
dieser Gegend, die ohngeachtet gedachter Statt=
halter eine Amnistie=Akte ausgefertigt hatte,
doch nicht ans Land kommen wollten; deswegen
bat der gedachte Statthalter den Kapitän Cham=
berlain Anführer dieses Geschwaders, er möchte
eines von seinen Kriegsschiffen so lang hier las=
sen, bis das Fort wieder erbauet wäre, zur Sicher=
heit seiner Person und der Garnison, die dama=
len fast aus lauter Kranken bestund, so daß
kaum dreißig Mann zum Dienste fähig waren.
Nichts destoweniger konnte der Statthalter das,
was er begehrte, nicht erhalten, und die Schiffe
hielten sich nur so lang hier auf, als sie es für
ihr besonderes Interesse dienlich hielten.

II.

II. Die Kriegsschiffe, die bisher hier gewesen sind, so viel wir davon unterrichtet werden konnten, haben der Kolonie wenige oder gar keine Dienste geleistet, und die obgedachten verließen ihn, sobald sie ihn ans Land gesetzt hatten; die Krankheiten unter den Soldaten und Matrosen währeten noch immer fort, und brachten alles in solche Unordnung, daß er sich genöthigt sahe, die Delicia, ein Schiff der Kompagnie von zwei und dreißig Kanonen, einige Monate länger zurükzuhalten, als er sich vorgesezt hatte, wodurch es verhindert wurde eine andere Reise vorzunehmen; und ob dies gleich der gedachten Kompagnie unangenehm seyn mußte, so war es doch so sehr nothwendig, daß man ohne dies Mittel den Plaz nicht hätte behaupten können. Der Krieg mit Spanien kam noch darzu, der sowohl als das Einverständniß der Seeräuber, die mehr als zwanzig Schiffe wegnahmen, deren einige mit Lebensmitteln für diese Insel belastet waren, den Statthalter nöthigte nicht nur das gedachte Schiff, sondern auch noch zwei andere der Kompagnie gehörige, bei vier Monat lang aufzuhalten, ehe das kleinste dieser Schiffe nach England segeln konnte, wohin man es abschikte, um die Nachricht von dem mißlichen Zustande des Gouvernement zu überbringen.

III.

III. Die meisten Soldaten lagen an gefährlichen Krankheiten darnieder, mehrere hatte der Tod hingerafft, so daß lange hernach, als der Statthalter angekommen war, nur sehr wenige im Stande waren am Fort zu arbeiten; und da er nicht mächtig genug war, um das gemeine Volk aus den andern Inseln zur Ausbesserung der Vestung zu zwingen, so ward er genöthiget, die welche er hier fand hierzu zu gebrauchen, indem er sie mit vieler Güte behandelte, ihnen Branntwein und Lebensmittel ohne Maas austheilte. Er war gezwungen immer um sie zu seyn, damit das Werk von statten gienge. Da der Ort auf diese Art in ihrer Gewalt war, sie oft droheten sich dessen ganz zu bemächtigen sie zu dem Ende Projekten unter sich ausbrüteten, und nur noch auf die Verbindung mit den Seeräubern warteten; und da die Spanier von der andern Seite droheten den Ort anzugreiffen, so wurde eine ausserordentliche Menge Branntwein und Lebensmittel verbraucht, und niemand war da, der Zeit gehabt hätte, die Früchten sowohl der Insel Providence, als der übrigen Inseln einzusammeln. Während dieser allgemeinen Verwirrung starben die Faktoren, der Statthalter ward öfters krank und war zweimal, so wie man uns benachrichtigt hat, auf dem Punkte zu sterben. Mehrere Magazine wurden geplündert und man brauchte während

rend dieſer Krankheit für eine beträchtliche Sum=
me Branntwein, weil man keine gute Maga=
zine hatte, um ihn ſicher aufzubewahren, die=
jenigen welche man damalen baute, konnten erſt
lange nach dem Tode der Faktoren fertig werden.

In eben dieſer Zeit verurſachten die öftern
Kriegsnachrichten und die Furcht vor einem
Ueberfalle, daß man die königlichen Magazine
ausleerte, und die darinn befindliche Munition
eben ſowohl austheilte, als die kleinern der
Kompagnie gehörige Waffen, welche für den
Handel beſtimmt waren, und nun unter die Ein=
wohner zu Vertheidigung der Inſel vertheilt
werden mußten. Alle dieſe verſchiedene Sachen
wurden verbrauchet, verlohren oder ſehr be=
ſchädiget, ohne daß man einigen Nuzzen daraus
gezogen hätte.

IV. Nachdem der Statthalter die Ruhe der
Inſel durch die ſo beſchwerliche, mühſame und
für ſeine eigne Perſon ſo gefahrvolle Wie=
derherſtellung der Veſtung in Sicherheit geſezt
hatte, ſo befand er ſich in einer neuen Verwir=
rung aus Mangel an hinlänglicher Proviſion um
die Garniſon, die pfälziſchen Koloniſten, meh=
rere Einwohner, und die Seeleute zu unterhal=
ten, welche er bei ſich zu behalten ſich gezwun=
gen

gen sahe, und deren er benöthigt war, um
den Seeraubereien zuvorzukommen, um Provision
zu erhalten, um die Einwohner zu ermuntern
und ein Kriegsschiff für unsere Sicherheit zu erbauen; er ward auch genöthigt Schiffe nach
Carolina, Jamaika, Barbados, und andern Orten auszurüsten und zu dem Ende Wechselbriefe
auf die Kompagnie zu traßiren.

V. Schon befanden sich der Statthalter und
die Kolonie bei neun Monate in dieser Noth,
und Samuel war schon mit einem Bericht von
dem was vorgegangen war, und mit Bittschrei-
ben um Unterstützung des Statthalters und der
Kolonie, nach England abgeschikket, als man sich
der Ankunft des Herrn Jakob Gohier auf gedachtem Schiffe angenehme Hoffnungen machte,
der die Bestätigung der Nachricht von dem Krieg
mit Spanien und eine Ladung Waaren nebst
den Nothwendigkeiten um Freibeuter auszurüsten mitbrachte.

Sonst, statt uns einige Hülfe an Mannschaft
oder Provisionen zu überbringen, kamen nur vier
Mann Soldaten mit ihm, von welchen der
gedachte Gohier zween zu seiner Aufwartung
begehrte und auch erhielt. Was nun den Statthalter und die Kolonie betrifft, so war dies die
beste

beste Neuigkeit welche sie erhielten, daß näm=
lich nicht nur die Wechselbriefe, welche ersterer
auf die Kompagnie gezogen hatte, wären pro=
testirt worden, sondern daß dieselben auch Schuld
gewesen wären, daß die zur Unterhaltung der
Garnison bestimmte Lieferungen in den Händen
des Agenten wären mit Arrest belegt worden,
und daß derselbe keinen Befehl habe, irgend et=
was derselben zu liefern. Dies verursachte, daß
mehrere Familien aus Karolina, den Bermuden,
der Insel Anguilla und andern Orten, welche
entschlossen waren, sobald die gehofte Hülfe aus
England ankommen würde, sich hier niederzulas=
sen, von diesem Vorhaben abwendig gemacht
wurden; und daß die Einwohner und die Gar=
nison dieser Insel sich oft in der dringendsten Noth
befanden, weil man keine Lebensmittel mehr
von andern Orten her erhalten konnte, da der
Statthalter, seitdem seine Wechselbriefe waren
protestirt worden, auf allen Seiten seinen Cre=
dit verlohren hatte. Sonst hatte diese Behand=
lung noch die Wirkung, daß die, welche hieher
kamen, die Kolonie als zu Grunde gerichtet
ansahen und wieder zurükkehrten; so daß statt
der guten Anzahl Kolonisten, welche wir erwar=
tet hatten, mehrere Einwohner uns verlassen
haben und noch täglich verlassen.

VI.

VI. Der gedachte Gohier sahe bei seiner
Ankunft, als General Kommis der Kompagnie,
den äusserst elenden Zustand des Statthalters
und der Kolonie, und versicherte die Einwohner
öfters öffentlich, daß er nach England schreiben
wolle, um die benöthigte Hülfe an Lebensbedürfnisse
aller Art zu erhalten, und um die Sachen alle
in Ordnung zu bringen, welche unterdessen waren
vernachläßiget worden; ja er sagte noch hinzu,
man werde ihnen Negern geben, um ihre Plantagen anzufangen, so wie es bei andern neuen
Kolonien der Gebrauch ist. Von allen diesen
Versprechungen sehen wir aber keine Wirkungen.
Er verursachte im Gegentheil den Einwohnern
vielen Verdruß, welches alle benachbarte Kolonien wissen; durch welche widrige Gesinnung,
welche er auch gegen den Statthalter heget, der
ferneren Bevölkerung der Insel eine große Hinderniß in den Weg geleget wird.

VII. Bald nachher als der Krieg mit Spanien erkläret war, erhielt der Statthalter öftere
Berichte von Havana und andern Orten auf der
Insel Kuba, daß die Spanier im Sinne hätten
uns anzugreiffen. Ob sie es gleich erst vierzehn
Monate hernach thaten, so war er doch genöthigt
die Einwohner diese meiste Zeit über versammelt
und unter den Waffen zu halten, und er that,

den

den zahlreichen Truppen, welche von Havana
gekommen waren, uns anzugreifen, tapfern
Widerstand.

Uebrigens waren aber die Einwohner ganz
auſſer Stand geſezt ihre Plantagen anzubauen
und für ihren Lebensunterhalt, wie gewöhnlich
zu ſorgen, ſo daß derſelbe ſich in die Nothwendig=
keit verſezt ſahe, die meiſten mit Lebensmitteln
zu verſehen, und dieſe um einen übertriebenen
Preis einzukaufen, weil man ſeine Wechſel unter
keinen andern Bedingungen genommen hätte, da
ſein Kredit gefallen war. Ja er war oft ge=
nöthigt die Eigenthümer mit Gewalt anzuhalten,
daß ſie ihren Vorrath ausliefern mußten, da er
ſein eigen Vermögen erſchöpft hatte, um wel=
chen zu kaufen. Oft ſah man ihn ſo herunter
gebracht, daß er ſelbſt ein elendes Leben führen
mußte; er war gedrungen ſich für das Wohl
der Inſeln in große Schulden zu ſtekken, inſon=
derheit während als man an den Veſtungswer=
ken bauete, nachher als ſich die Spanier zeigten
und endlich da er ſich gezwungen ſah, ein *)
Embargo auf die Schiffe zu legen, aus Furcht
vor einem zweiten Angriffe. Mehr als drei
Monate unterhielt er über zweimal ſoviel Solda=

ten

---

*) So nennet man den Arreſt, den man auf Schiffe
legt, damit ſie nicht weiter ſegeln dürfen.

O

ten als gewöhnlich seine Garnison war, und mußte drei bis vierhundert Einwohner und Seeleute
an verschiedenen Orten der Insel unter den Waffen halten.

VIII. Nachher, während als wir auf Hülfe
warteten, kam im verflossenen Oktober ein kleines Schiff aus England, mit einigen Lebensbe-
dürfnissen für ungefähr fünf tausend Pfund Sterling an, ohne daß die Regierung der Kompagnie etwas für uns gethan hätte, als daß sie
uns fünfzehn Mann neuangeworbene Soldaten
überschikte, welche nur mit Kleidern versehen
waren. Sonst erhielt der Statthalter, wie er
uns selbst berichtet hat, auch nicht einen einzigen Brief zu seiner oder unserer Beruhigung,
noch lies man uns einige Erleichterung für die
Zukunft, da wir doch wußten, daß man das
Unglük und den elenden Zustand der Kolonie nach
England berichtet hatte, hoffen. Am seltsamsten, kömmt uns aber die Fortsezzung dieser
schlechten Behandlung und dieser Verachtung,
mit welcher man dem Statthalter und uns be-
gegnete, vor, da das nämliche Schiff uns die
Nachricht mit überbrachte, daß die Kompagnie
ihr Eigenthum von diesen Inseln an eine neue
Kompagnie für die Summe von vierzig tausend
Pfund Sterling verkauft, und daß man eine
Subscription von mehreren Millionen eröffnet
habe,

habe, um diese Kolonie in die Höhe zu bringen, und den Handel festzusezzen. Wir wurden schon in dem verflossenen Brachmonat verkauft; seit der Ankunft des gedachten Schiffes sind schon wieder sieben Monate verflossen, und doch erscheint keine Hülfe. Ja die Garnison wäre so gar in Gefahr gewesen zu verhungern, wenn der Statthalter nicht die Provision mit Gewalt aus den Magazinen der Kompagnie genommen hätte, in welche sie erst angekommen war. — Er ward nachher genöthigt seine eigne Person in Gefahr zu sezzen und nach Süd = Karolina zu gehn um Lebensmittel, Kleider, Arzneien und andere Bedürfnisse zur Erhaltung seiner Garnison einzukaufen; da man sowohl in dieser Kolonie als in den benachbarten Orten sich weigerte seine Wechsel anzunehmen. Zu allem Unglük ward er noch gezwungen nach England zu gehen, um den wahren Zustand der Sache vorzutragen, indem gedachter Gohier ihm öffentlich gedrohet hatte, er werde bei der Ankunft des täglich erwarteten neuen Statthalters gefänglich eingesezt, seine Wechsel nicht bezahlet, und er werde seines Vortheils von der Kompagnie verlustig erkläret werden; da er doch so vieles zu derselben Bestem gethan hat, da ohne seine Bemühung die Kolonie lange zuvor wäre verlohren gewesen, ehe man sie hätte verkaufen können. Wir

sind

sind versichert, daß nur die Hoffnung endlich
alle Schwürigkeiten zu überwinden und sich durch
Retrung der Kolonie einen Ruhm zu erwerben
ihn so lange aufgehalten hat.

Wir nehmen uns die Freiheit zu sagen, daß
unser Elend und die Art wie man uns darinn
verlassen hat, nur daher kömmt weil keine Macht
vorhanden ist eine Versammlung zusammen zu
berufen, weil die Kolonie in den Händen der Eigenthümer und ihrer Gesellschaft ist, welche
nicht hinlängliche Macht haben, um ihre Er-
richtungen gehörig zu unterstüzzen und zu vertheidigen, wie es eine neue Kolonie erfordert;
und endlich weil diese Kolonie aus Mangel an
Unterstüzzung auf so schwachen Füßen stehet. —
Diese Betrachtung hält alle reichen Leute ab,
sich bei uns niederzulassen, überzeugt, daß keine
Privatkompagnie Nuzzen daraus ziehen könne,
so lang die Sachen sich so befinden, in einer
Zeit da sie Vortheil davon erwarten sollte; und
daher verläßt man uns.

Da aber die Lage der Kolonie und ihr Werth
von großem Betracht sind, so hoffen wir von der
Gütigkeit Sr. Majestät und von der Weisheit
der Nation, die Krone werde diese Kolonie nicht
zu Grunde gehen lassen, die bald in die Hände
der

der Seeräuber fallen muß, wenn sie nicht ohne
Zeitverlust die benöthigte Hülfe erhält.

Da die Kolonie, die Garnison Sr. Maje=
stät, und die Handels = Affären in dem Zustande
sich befinden, wie wir ihn hier geschildert ha=
ben, so glaubten wir, unsere Pflicht gegen das
Land und gegen Se. Erzellenz den Statthalter,
sowohl als auch gegen die Garnison Sr. Majestät,
erfordere einen Bericht von diesen Sachen ab=
zulegen, so viel es in einem Memoriale möglich
ist, um, so viel in unserer Gewalt ist, unserm
Statthalter Gerechtigkeit wiederfahren zu lassen,
und den Ungerechtigkeiten zuvor zu kommen,
die man ihm bei seiner Ankunft in England,
wenn es Gott gefällig ist, ihn glüklich dahin zu
bringen, erweisen könnte, um seine gute Ab=
sichten für das Wohl des Landes und der Kolonie
zu zernichten. Wir können nicht weniger für
ihn thun, da wir nächst Gott ihm allein die
Erhaltung unserer Kolonie zu danken haben,
und da er alles dieses mit unaussprechlicher Mühe
und Beschwerlichkeit thun mußte, ohne daß er
einige Absichten auf sein besonderes Interesse da=
bei gehabt hätte.

Dies sind die Beweggründe, welche uns ge=
trieben haben Ihm diese Wahrheiten, von wel=

u.en

214

chen wir Augenzeugen waren, vorzutragen und ihnen zu zeigen mit welchen außerordentlichen Schwierigkeiten er und wir seit zween Jahren und acht Monaten zu kämpfen hatten.

Unterschrieben von dem Rathe und den vornehmsten Einwohnern, den 21sten März 1720. 1721.

———————————

XV.

XV.

Beschreibung

der

afrikanischen Insel Zuahni.

(Aus Sullivan's Reisen eines morgenländischen Philosophen.)

Zuahni liegt am südlichen Einfluße des mozambikischen Kanals, und enthält ungefähr 20000 Einwohner. Nach der Natur des Bodens, der Nachbarschaft der Insel Komoro, und einem ihrer Hügel zu urtheilen, der einen unaufhörlich wüthenden Vulkan enthält, so ist Zuahni wahrscheinlich durch unterirdische Feuer ausgeworfen worden. Sie trägt die stärksten Merkmale, daß sie durch eine Eruption entstand. Ihre Lage begünstiget, wie schon gesagt, diese Vermuthung da man dergleichen Auswürfe im Meere schon öfters bemerkt hat, wie andre Inseln des Mittelmeeres, wie auch die Insel St. Helena und andere nebst denenjenigen Theilen des festen Landes, welche nicht weit vom Meer abliegen, beweisen können.

D 4 Zuahn

Zuahni hat die Gestalt eines halben Zirkels. Ihre äusserlichen öffentlichen Küsten sind sehr schön, mit einem jungen Grün bedekt, sehr gesund zu bewohnen, und werden fleißig von den Schiffern besucht. Zwei Reihen hoher Hügel theilen sich von Norden nach Süden, davon die erste unfruchtbar, dürr und felsicht ist. Die andere erhebt sich in Gestalt eines Amphitheaters, bis in die Wolken, und ist bis auf den Gipfel mit dem schwelgerischen Wuchs von mancherlei Grün bedekt. Von dem Gipfel und den Sitten dieser Gebirge ströhmen Bäche und Flüsse des reinsten Wassers herab, bilden kleine erfrischende Kaskaden und schleichen in mannigfaltigen Krümmungen durch das Thal. An den Ufern dieser lieblichen Ströme weidet Vieh von ausserordentlicher Schönheit und Menge, und Früchte von der herrlichsten Gattung, die im schwelgerischen Ueberflusse hier wachsen, machen die Landschaft zum Paradiese.

Die ersten Einwohner von Zuahni waren wahrscheinlich aus Mozampique oder dem festen Lande von Afrika; die Aehnlichkeit der Gesichtszüge und der Farbe weißt dieses aus. Sie haben gleich jenen, wolliges Haar, und auch ihre Sprache ist die nämliche. Sie sind ein frohes, höfliches, gastfreies Volk. Der Fürst und die vornehmsten Einwohner dieses Landes stammen aus

einer

einer andern Gegend; sie sind von einer leichten
Olivenfarbe, haben langes Haar und sprechen ge=
brochenes Arabisch. Die Religion der Vorneh=
mern dieses Volks, und auch der meisten unter
den Einwohnern ist die mohammedanische. Sie
haben regelmäßige Moscheen; ihre Priester wer=
den in grosen Ehren gehalten, und man liest den
Koran in der arabischen und Grundsprache bei ihnen.

Der Sultan von Zuahni stammt von einem
vornehmen Araber her, welcher vor ungefähr hun=
dert Jahren genöthigt ward, aus seinem Vater=
lande zu ziehen. Da er und seine Anhänger das
Meer nach einem Zufluchtsorte durchstreiften, lan=
deten sie von ungefähr an Zuahni. Die Gegend
bezauberte sie. Hier fanden sie alles, was sie
brauchten, und die Einwohner waren von solcher
verdachtlosen guten Gemüthsart, und so gefälliger
Laune, daß alles, was sie besaßen, ihren Besu=
chern zu Gebote stand, deren höhere Einsichten und
ausgebildetere Gemüthsgaben ihnen eine Art von
Ehrfurcht einflößten. Hier ruhten also die Araber
von ihren Mühseligkeiten aus, und hier nahmen
sie sich augenbliklich einer Herrschaft an, die man
ihnen gern und ohne allen Zwang überließ.

Die dankbare Erinnerung an die gutherzige
Aufnahme, welche ihre Vorältern hier gefunden
hatten, machte die Beherrscher von Zuahni auf
gleiche Art geneigt, allen Unglüklichen und Bé=

küm=

kümmerten ähnliche Güte widerfahren zu lassen, wovon ich ein Beispiel anführen will.

Im Jahr 1774 scheiterte ein Schiff von der englischen Ostindienkompagnie, das durch einen Irrthum hieher gekommen war, an den Felsen dieser Insel, welche sich an der Abendseite hinziehen. Keiner von der Mannschaft kam um. Der Sultan eilte, so bald er von diesem Zufalle hörte, von seiner etwas entfernten Residenz herbei, und begab sich, so nahe als möglich, an den Ort wo das Schiff lag. Hier nahm er mit seinen Vornehmsten seinen Stand, und schikte augenbliklich seinen Befehl an seine Unterthanen, daß jedermann auf seyn sollte, die Güter der Fremden zu retten. Hierauf besorgte er den Gestrandeten ihre Wohnung, und versahe sie mit allem, was sie brauchten. Er selbst hatte die Aufsicht über dieses Werk der Menschenliebe, und sorgte, daß seine Befehle vollzogen würden. Auf diese Art fuhr dieser edle Fürst fort in seiner Arbeit, besuchte jeden Tag in Person die Küste, die dem Wrak die nächste war, und ließ nicht ab, bis jeder Theil der Ladung gerettet wurde. Er nahm darauf alles in Verwahrung, und hob alles, auch die größten Kleinigkeiten, mit der größten Gewissenhaftigkeit auf, bis alles beisammen war, und er die Verunglükten zu sich kommen ließ, um ihnen das, wozu ein jeder Recht hatte, auszutheilen. Diese edle

edle Menschenliebe, dieser grosmüthige Schuz,
und diese liebreiche Gastfreiheit, welche der gesit-
testen Nazion Ehre machen würde, wurde von der
englischen Kompagnie mit der lebhaftesten Dankbarkeit aufgenommen, welche sie dem Sultan und
seinen Vornehmsten mit einem sehr wohlgewählten
Geschenke bezeugten.

Das Volk daselbst ist glüklich, von froher Laune, lebhaft, gastfrei und höflich. Sie athmen
die Luft, die Luft der Freiheit, und sind voll Mit-
leid und Menschenliebe. O bleibt lange so, ihr unschuldigen Kinder der Natur! Genießt lange euere
Freiheit! — bleibt lange die ungestörten Besizzer
eurer niedrigen Hütten! — Ach, wie gros ist der
Kontrast zwischen Euch und den Elenden, welche
in einer Europäischen Kolonie von Eurer Nachbarschaft arbeiten! — „In der Insel St. Mauritius,“
sagt ein französischer Schriftsteller, welcher diese
Gegenden im Jahr 1773 besuchte, werden die
unglüklichen Kaffern wegen des kleinsten Verse-
hens grausam gepeitscht. Meine Augen sind
müde zu sehen, meine Ohren zu hören, und meine
Feder zu schildern, all diese Schrekkensbilder, und
das durch Mark und Bein dringende Klagen dieser Unglüklichen. Einige von den Einwohnern
schließen Lustparthien, um diese Elenden, die sich
etwa in den Wäldern verstekt haben, zu jagen.
Sie stellten einen Neger auf, als ob er ein Stük

Wild

Wild wäre; wenn sie ihn nicht niederjagen können,
so geben sie Feuer auf ihn, schneiden seinen Kopf
ab, und bringen denselben auf einer Stange gestekt, in grosem Triumph nach der Stadt zurük.
Hievon kann ich in jeder Woche einen Augenzeugen abgeben. Selbst das Alter wird nicht ver-
schont; und wenn ein Sklave zu alt zur Arbeit
geworden ist, so schikt man ihn fort, daß er sein
Brod suche, wo er will, oder umkomme. Ich sah
eines Tages so ein armes Geschöpf, das nichts
als Haut und Bein war, das Fleisch von einem
todten Pferde abschneiden, um sich zu sättigen;
ein Gerippe zehrte von dem andern. „O ihr
Frauenzimmer,“ — fährt dieser Advokat der
Menschheit an einem andern Orte fort, ihr zärtern
und weichherzigern Geschöpfe, die ihr bei einem Ro-
man oder einem Trauerspiel Thränen vergiessen kön-
net, wie wird euch zu Muthe, wenn ihr bedenkt, daß
tausend Dinge, die Euch Vergnügen machen, mit
Thränen und Menschenblut benezt sind, vielleicht irgend einem Unglüklichen das Leben gekostet haben!

Ueber

www.ingramcontent.com/pod-product-compliance
Lightning Source LLC
Chambersburg PA
CBHW030321270326
41926CB00010B/1460

* 9 7 8 3 7 4 3 6 0 3 0 3 5 *